江苏省教育科学"十二五"规划2013年度青年立项课题《小学生"需要性写作"的实践策略研究》

"需要性写作"实践论

王学进 ◎ 著

光明日报出版社

图书在版编目（CIP）数据

"需要性写作"实践论 / 王学进著． －－北京：光明日报出版社，2016.1（2021.8 重印）
ISBN 978－7－5112－9963－5

Ⅰ.①需… Ⅱ.①王… Ⅲ.①作文课—教学研究—小学 Ⅳ.①G623.242

中国版本图书馆 CIP 数据核字（2016）第 019449 号

"需要性写作"实践论
XUYAOXING XIEZUO SHIJIANLUN

著　　者：王学进	
责任编辑：曹美娜	责任校对：张明明
封面设计：范晓辉	责任印制：曹　净

出版发行：光明日报出版社
地　　址：北京市西城区永安路 106 号，100050
电　　话：010－63169890（咨询），010－63131930（邮购）
传　　真：010－63131930
网　　址：http://book.gmw.cn
E － mail：gmcbs@ gmw.cn
法律顾问：北京德恒律师事务所龚柳方律师

印　　刷：三河市华东印刷有限公司
装　　订：三河市华东印刷有限公司

本书如有破损、缺页、装订错误，请与本社联系调换

开　　本：170mm×240mm
字　　数：188 千字　　　印　张：14
版　　次：2016 年 1 月第 1 版　　印　次：2021 年 8 月第 2 次印刷
书　　号：ISBN 978－7－5112－9963－5
定　　价：49.00 元

版权所有　　翻印必究

序

拿到王学进老师给我的专著电子稿时,我一点都不惊讶,因为这本是意料之中的事儿。

2006年暑假,王学进老师从盐城滨海来到了常州市实验小学。2007年,在学校整体规划青年教师专业发展之路时,他基本确定了在作文教学方面走出一条属于自己的路的发展思路。因为,他从师范毕业开始就对写作教学感兴趣并已经为之进行了一段时间的实践探索;还因为,他对小学语文教学中"让学生习得表达能力很重要"的深刻认识。于是,一个十年计划渐渐萌芽。他希望通过五年的自我实践,找到提高学生作文写作能力的基本策略;再通过五年的科学研究,能够让更多的老师和他一起研究习作教学。这份计划如期实施。最初,他以自己的班级为实验班,序列性、主题式开展作文教学研究探索。而他也是最勤奋的笔耕者。他个人的论文总是全校每年发表最多的;同样的,全校各班学生的习作发表之最也是他的班级。习作发表的快乐与成就感助推了学生们习作兴趣与水平的提升,而学生的成长也渐渐催生了他要及时整理与提升习作教学经验的愿望。于是,他有了"一年做一个小课题、写一篇好文章"的目标。从"为什么写"到"如何写""怎么改",他用科学研究的成果一次次证明了自己努力的成效——连续三年围绕"习作"的话题写成的专业论文均获得了江苏省"教海探航"征文一等奖。2013年,他成功申报了江苏省科学规划课题《小学生"需要性写作"的实践策略研究》;2015年,他有了自己的区级研究工作室，带领来自全区的十位青年教师共同开启了研究"需要性写作"之路。至此，从个体的实践到团队的研究，他正逐步实现着"十年计划"的研究梦。

"需要性写作"是王学进老师原创的研究概念。需要性写作，即为激发和满足学生"自由表达与交流的需要"而进行的作文指导活动。这一概念的提出是源于他对学生写作现实的准确把脉与分析。他认为，唯有满足学生真实需要的写作教学或实践才是最有效的。因此，研究学生的习作需要、习作策略、习作评改成为他研究的三部曲。《习作，你关注"为什么写"了吗？》从写作的原点出发审视当下习作教学激不起学生写作能动性的主要原因，旗帜鲜明地提出了习作教学应重点关注"为什么写"这一直指儿童习作动机、言语生命能动发展的逻辑原点。在需要理论、读者理论、评价理论的观照下，让习作真正成为孩子日常生活、情感表达、自我实现的需要，从而催生他们自我表达与交流的生命欲求，最终为孩子的言语生命积蓄自由发展的精神力量。"需要性写作"有两大展开维度：一是为激发学生自我表达的需要和与他人交往的需要，旨在激发和顺应学生的"内在言说需要"，还原写作的"交际"功能；一是从学生的写作实际出发，针对学生作文中遇到的实际困难提供切实可行的、有针对性的帮助，旨在满足学生的"克服写作困难需要"。"需要性写作"概念的提出走过了实践历练、哲学思辨的过程。本书将向广大读者全面阐述其内涵之广度，其对学生写作能力提升之力度以及对促进儿童言语生命发展之高度。本书中呈现的学生习作是对"需要性写作"研究有力的佐证。

王学进老师这本专著的诞生，不禁让我想到了青年教师专业发展与成长的一般规律。

目标导航，明确方向。青年教师的专业成长首先要有明确的方向。究竟对哪方面的教学研究感兴趣？自己的专业特长是什么？将形成怎样的教学风格？……必须要把这些问题想清楚。王学进老师对写作教学感兴趣，既是源于自己对写作的喜欢，也是对写作教学的钟爱。因此，当他选定写作教学开展研究之时，就意味着自己首先要付出艰辛的努力投身于写作的实践与研究之中,其次要舍得为学生习作能力的提升付出更多业余时间。王学进做到了。他十年的辛苦付出换来了学生整体习作水平的提升,表达能力的增强,而自己也逐渐确立了专业特长,渐渐形成了自己的教学风格:依需要而教,为自由而写。

专注执着,不懈努力。每一点成功都是辛苦付出的结果,每一位青年教师的成长都是专注执著的回报。对于青年教师的成长,不必苛求面面俱到,完美无瑕。每一位优秀教师的成长也是"术有专攻"。所以,选定了发展方向后,是需要付出不懈的努力的。王学进老师在写作教学研究之路上一直执着前行。每一次的省"教海探航"获奖之时,正是他新一年研究主题确立之时。花上一年时间做研究,写一篇重量级文章,真正验证了"好文章是做出来的"。这一路默默付出的艰辛与汗水、执着努力的坚守与刻苦,只为想在"需要性写作"方面能有建树,造福学生,也助推自我的成长。

及时积累,提升经验。青年教师想在某一方面取得成绩,不只需要实践智慧,还需要理论智慧。而这种智慧的转化需要时间的磨砺、学习的坚持。这几年,王学进老师每年都以十几篇论文发表的数量让人佩服,更以核心期刊发表的质量令人信服。每一篇文章都是他对自己教学的点滴思考、及时记录,更有及时的学习、深入的钻研。这种"零星"经验对于形成整本专著有着重要的意义与价值。

最后,我要真诚祝贺王学进老师的第一本专著出版。我相信,"需要性写作"的研究仍然在路上。十年诞生了一本"实践论",我希望,王学进老师再花十年乃至更长的时间,能够诞生一本"理论"专著。真诚地期待着!

是为序!

常州市实验小学校长　杨文娟

2015.11

前 言

德国哲学家雅斯贝尔斯认为,教育须有信仰,就是要通过培养不断地将新的一代带入人类优秀文化精神之中,让他们在完整的精神中生活、工作和交往。而作为承载言语交际功能的写作活动,不经意间成了我和学生精神生活的栖息地。

记得刚毕业时,十分喜欢翻阅学校订阅的各种教育杂志,尤其是对杂志中跟写作有关的教学设计和论文情有独钟。那时的我很纯粹,就是想从这些星光璀璨的文章中获得一些教学生写好作文的方法。每有会意,便欣然忘我。带着学来的做法,走进课堂,有时能获得满堂彩,更多的是"四不像",不明白为什么别人成功的做法到我的课堂上就"寸步难行"。原来,我关注的是教师"如何教",仅仅停留在机械、无视本班学情的"方法论"层面,我陷入了空洞说教的泥潭,我在枯燥地教学生"怎么写"。

当我扬帆劈波在"教海"中前行时,我发现活动是孩子们乐此不疲的,于是,我开始研究习作教学的活动设计。有段时间,我痴迷于习作活动的设计,每每看到精彩的活动设计,我都会在班上激情演绎。有了成功的经验,我会模仿电视上竞技类、娱乐类节目设计一些学生喜闻乐见的活动。那几年,我和我的学生沉浸在活动作文的喜悦之中,"非常6+1""超级震撼""三星智力快车"等娱乐类节目,稍加改变便进入了我们的习作课堂。可能是丰富多彩的活动激发了学生参与的热情,一周一次的活动作文课成了他们最美好的期待。那一阶段对于我来说也是最幸福的记忆,同事还打趣地说我每月都是"丰收的季节",《"玩儿"出来的作文》《向你介绍我的卧室》等多篇活动作文教学设计发表在《江苏教育》《小学语文教学》等杂志上,而我最有成就感的是,短短几年时间,学生发表的活动作文高达百余篇,时至今日,学生在各级各类报刊上发表习作已有七百余篇。可以说,活动作文的挖掘为学生提供了源源不断的写作素材,学生再也不用为"写什么"而犯愁了!

很快,我发现,我虽然在想方设法充实学生的生活,但我所开展的活动都是散状的,缺少串点成网的"线"。习作教学的研究要走向深入,最不能欠缺的就是统领所有活动的"灵魂",我应该建构网状的习作坐标。于是,我试图撑一支长篙,向"教海"更深处漫溯。当研究不断深入,我以学生的姿态带着学生慢慢前行时,我一次又一次地叩问自己:当下的孩子欠缺的是活动素材吗?习作教学的终极价值仅仅是为学生提供写作的素材吗?在我"众里寻她千百度"时,一个偶然的机会,福建师大潘新和教授的《语文:表现与存在》成了我写作教学的精神导师。渐渐地,我开始关注"读者意识",注意了解学生的"写作生存状态"。就在那时,我猛然间顿悟:写作,必须关联学生的"需要"。写作应该成为学生自我表达与交流的需要。于是,我从写作动力学的源头出发,建构习作教学新坐标——"儿童自我需要习作"的实践探索。我从马斯洛的需要理论出发,着眼于"读者意识"开辟习作教学的新路径:读者理论呼唤我们关注"为什么写";需要理论引领我们关注"为什么写"。我深知只有将习作的着力点引向"为什么写"这一写作的逻辑起点,从孩子的生活需要出发,催生他们自我表达与交流的生命欲求,我们的习作教学才能为孩子的言语生命蓄积自由发展的精神力量。由此形成的论文《习作,你关注"为什么写"了吗》获得省2011年"教海探航"论文评比一等奖,同时发表于《江苏教育》(教学版)(2012.4),并被人大书报资料中心《小学语文教与学》(2012.9)全文转载。

正是这篇凝聚着我多年实践经验、跃动着孩子们言语心跳的文章奠定了"需要性写作"的发展根基。顺着"需要性写作"这一主干,我和孩子徜徉在写作的过程之中。当《思维力：儿童习作生命涵养的"维他命"》《探寻习作过程性指导的有效策略》两篇花了两年时间"做"出的文章再获江苏省"教海探航"一等奖时，"需要性写作"这一彰显草根本色的写作新主张越发弥足珍贵。

"人人都是吸纳的树，个个成为分享的源"，这是我校的教育哲学。在此分享理念观照下，我有了与大家分享写作教学实践智慧的冲动。当《小学生"需要性写作"的实践策略研究》成功获批江苏省"十二五"教育科学规划课题时，我们学校的"需要性写作"研究团队成立了。课题组从需要层次理论、读者理论、写作动力学理论、写作学理论、评价理论、发展心理学理论等方面入手，凭借问卷、访谈、作文样本分析，把脉学生真实的写作需求，不断探寻学生写作自信养成的原始密码、写作水平提升的有效策略。本书将全面、立体地呈现"需要性写作"在实践探索和理论创新层面所做的积极探索，希望能为致力于改善当下学生写作面貌的老师和家长以思维启迪。

"需要性写作"研究是个全新的视域，我们并不是为了追求所谓的标新立异，更没有"哗众取宠"之意，只因我们贴孩子真实的"写作需要"而行，为滋养孩子持久的言语表达自信而来，所以我们一直行走在"路"上。如今，"需要性写作"研究团队已借区第二届工作研究室的东风，劈波斩浪地驶向"需要性写作课程群"的建构与实施彼岸了。

常州市实验小学　王学进
2015 年 11 月 10 日

目 录
CONTENTS

第一章 "需要性写作"的现实召唤 ················ 1
 一、习作教学无视学生的"自我表达之需" 1
 二、习作教学漠视学生的"与人交流之需" 3
 三、习作教学忽视学生的"难点解决之需" 4

第二章 "需要性写作"的理论建构 ················ 9
 一、"需要性写作"的意义探寻 10
 二、"需要性写作"的儿童立场 14
 三、"需要性写作"的理性建模 18

第三章 "需要性写作"的实践探索 ················ 45
 一、小学阶段"需要性写作"目标、内容的整体架构 45
 二、小学生习作自信心养成的主要策略 54
 三、小学生习作困惑时教师给予帮助的有效策略 115

参考文献 ················ 204

后 记 ················ 205

第一章

"需要性写作"的现实召唤

一、习作教学无视学生的"自我表达之需"

写作本应成为学生自我表达和与人交流的需要,可在实践操作中,学生的表达之需被完全禁锢,习作教学成了教师的一厢情愿——我让你写什么,你们就得写什么。学生被当作接受知识的容器、应付完成习作教学任务的木偶;学生被视为没有任何生活储备的空壳,每到写作课就为学生现场创设一段情景,美其名曰,为学生的写作提供素材;不管学生已有的相关经验有多丰富,只能用同一的写作思路来指导统一的素材,有人认为这是为了增强习作指导的实效性,至于学生富有个性的思想、独特的眼光只能成为"尘封的记忆",没机会"公布于众"。这样的结果只有一种:用统一的指导让"不同的嘴说相同的话"。

五年级下册《身边的小能人》教学案例:

为了指导学生写好《身边的小能人》,教师让班上的悠悠球高手当着全班同学的面要上几招,过程中引导学生认真观察,活动结束后要求全班学生将自己看到的写下来。结果学生苦不堪言,抽丝般地写出大同小异的干涩的作文。

教学现场:

师:今天,我们的作文课要写一个"悠悠球高手"。下面,我们有情XXX为我们露一手。其他同学认真看,等会我们要将他玩耍的过程写下来。

（学生一片唏嘘）

学生现场表演。

（其他学生再没有兴致可言，只能勉强配合当个观众。）

当我们原本趣味横生的活动被赋予了更多的人物时，我们再怎么精心策划的活动都不能取得理想的效果。要不，怎么会有一位教育家曾经这样说过："当学生感觉不到你在教育他时，教育是最有效的。"

习作教学的理想之境是让学生在不知不觉中习得作文的乐趣，于润物无声中提升作文的能力。

我们的习作不是观看"时装表演"，写出千人一面的"实体素描"，而应让每位学生都成为个性鲜明的设计师，用他们手中的笔绘就出各具特色、风格迥异的"人间万象图"。诸如案例中，台上的悠悠球高手一定是我心中的小能人吗？每个人心中的小能人是不一样的，可能在你看来是小能人，在我看来却不然。可以想见，那些对悠悠球不感兴趣的同学即便台上的表演精彩分层也"与我无关"，实在要写也只能将所见程序式地介绍一下。其间并无学生个我情感流露。一篇缺少自我情感参与的文章根本不能称作"文章"，只能看作一堆毫无生命力的文字叠加。这样的作文并没能调动学生鲜活的生活储备，也就触及不了学生的"情感内核"，即使写，也是替他人立言。并没有进入"我要将我眼中的小能人介绍给大家"的能动写作状态。

崔允漷教授已在《有效教学：理念与策略（上）》一文中做过十分清楚的阐述：有效教学是在美国实用主义哲学和行为主义心理学影响下产生的，这两种理论成为有效教学的支撑性理论。实用主义哲学更关注行动、实践和经验，主张回归生活。不难理解，实用主义哲学的思想至今对课程改革，对教学改革仍有指导意义。而行为主义心理学则不然，虽然时常还能看到这一理论的影子，但它的致命缺陷是忽略学习者的情感、动机等，因为虽然"刺激和反应可以说明人类的某些学习，但是许多研究表明，要解释一般意义的学习，必须考虑人们的思想、信念和情感"。

遗憾的是，在有效教学的实践中，我们不难发现，教师常常把学生的学习兴趣、情绪、信心等问题搁置起来，剩下的只有效率、效果。其实，事实已经不止一次地给我们以警醒：不关注、不激发学生情感，不顾及、不调动学生兴趣的教学绝对是低效的甚至是无效的。习作教学犹是如此。

二、习作教学漠视学生的"与人交流之需"

《义务教育语文课程标准（2011版）》是这样定义写作的——写作是运用语言文字进行表达和交流的重要方式，是认识世界、认识自我、创造性表述的过程。写作的功能定位得很清晰，要义之一就是"与人交流"。既然是"与人交流之需"，我们的习作教学就要从真实的生活语境出发，体现写作的"交际功能"。其实，写作的交际功能由来已久，美国等西方的写作课程标准一直将写作定位为"与人交流"，它是生活的需要，人与人之间沟通的需要。习作教学的现实地位是怎样的呢？无须我们多言，大家心知肚明。且看下面的教学案例，你是否有同感呢？

六年级上册《介绍一种美味》教学案例：

为了让学生写好美味，有真情实感。教师买了好多寿司，课上每人一份，现场品尝。品之前，教者提醒学生：你们别光顾着吃，用鼻子闻一闻，用眼睛看一看；正当学生吃得津津有味时，教者发话了：这样的美味可不是好吃的，今天我们的作文就是——介绍一种美味。下面大家拿出笔开始写作吧！随即，全班一片哗然，继而相视无语，一脸无奈。

为什么学生对活动兴趣高涨，而对活动后的写作"无动于衷"、异常冷漠？学生除了明白今天的活动是为了完成老师布置的作文，再也找不到写作这篇作文的理由，更不明白是为什么而写，完全处于"被写作"状态，即便是写，也是"为完成教师的任务而写"。一个不知道"为什么而写"的人自然缺乏主动写作的热情。

为什么备受追捧的"活动作文"中的"作文"激不起孩子主动书写活动的激情、欲望？我们不妨从写作的原点出发来审视这一敏感而沉重的话题。如果按写作的逻辑顺序，应该是为什么写、写什么、怎么写。

放眼当下的作文教学，最不缺的是"怎么写"；而现今比较流行的活动作文只是解决了"写什么"的问题；至于对写作的本源，也就是写作的原动力——"为什么写"则无暇顾及。"为什么写"的问题，实际涉及两个方面：一是写给谁看，二是写了做什么用，想解决什么问题。这两方面是相互联系的，归结起来就是写作的目的问题。所以，我以为，整个写作应从从记忆呈现的角度（告诉读者什么）和从交流的角度而言（考虑读者对象）。也就是说写作教学应该让学生明确"我们为谁写""作文写给谁看"，根据不同的读者对象指导学生选择不同的语体和语言的表达方式。这恰恰是当前作文教学所缺乏的。

厘清了此关联，对于习作教学中的"活动热热闹闹，作文怏怏不乐"现象就不足为奇了。

三、习作教学忽视学生的"难点解决之需"

当下学生的思维力缺失却没有得到应有的关注，具体表现在——

现象一：美国协和大学的 Moon 教授在"东西文化差异"的专题讲座中特别提到，东方学生刚来美国上大学的时候，他们写作的论文美国教授读不懂，因为观点不明确，不像美国论文写作时紧紧围绕观点展开论述，开头提出观点，中间证明观点，最后总结观点。

留美的大学生尚且如此，心智稚嫩的小学生习作思维能力又处于怎样的发展水平呢？

现象二：当下学生的作文往往只顾着往下写，对于自己到底想表达什么意思却不甚了了，结果自然是只有文字，没有思想；只有下笔千言，没有框架构思；只有线性的点状表达，没有网状的思维聚焦。

学生写作思维力缺失的主要原因有——

因素一：课程目标的疏漏

《语文课程标准》（实验稿）在课程总目标中指出："能具体明确、文从字顺地表述自己的意思"，何为意思？语言文字等的意义。可以说，大凡是词句都有其存在的意义,这样的目标定位并没能突出"思维"的特有价值;而《语文课程标准》(2011版)对于写作课程的目标表述是这样的:"能具体明确、文从字顺地表达自己的见闻、体验和想法。"很明显,无论是见闻、体验还是想法都是有着明确的目标指向的,都在指向"思维力"的有效落实。由"意思"到"想法"的细微变化正是为了弥补原有课程目标中"思维力"的疏漏。

因素二:写作教学观的错解

多数教师认为写作是难以教会的,唯有给学生一定的构段谋篇样式才能以不变应万变,于是习作教学中出现了老师为学生提供几个写作框架,学生只要往给定的框架内填上优美的语句这一无视学生思维发展的荒唐之举。长此以往,学生的构思能力逐渐退化,思维能力自然得不到发展。

《语文课程标准》(实验稿)在对于写作教学给出的具体建议是"应抓住取材、构思、起草、加工等环节,让学生在写作实践中学会写作",而修订后的2011版新课标对写作教学的建议表述是这样的:"写作教学应抓住取材、立意、构思、起草、加工等环节,指导学生在写作实践中学会写作。"前后变化在哪里?增加了"立意"二字。立意,即确定作品主题也。显然,以往的只追求学生的自由表达而忽略对文章立意的训练则是教师作文指导的严重过失。

再则,有些老师对"我手写我口,我手写我心"缺乏准确的理解,认为写作应给学生足够的自由,他们想写什么就写什么,想怎么写就怎么写,这些观点貌似准确,实则不然,要知道即使是自由写作、任意发挥,也是有前提的——那就是围绕某种特定的意思思维自由驰骋。一旦缺失此前提,学生的思维势必走向散漫。

夏丏尊先生认为写作中的思维力明显的特征即"有中心",作文的中心也就是指作文要表达统一的意思,这里的统一即指事项的统一或情调的统一。有了想要表达的统一事项或统一情感,才好选择合适的材料或对既定的材料进行恰当地取舍。

在美国人看来，要解决写作难题，首先应该解决思维问题。思维遵循着一套程序，它有一个严密的过程，它是从低级阶段向高级阶段逐步过渡并发展变化的。因此，写作与思维密切相关。他们认为训练写作从接受写作过程的概念开始。在美国，无论是哪个年级，教室里几乎都悬挂着"构思——写作——修改——校对/编辑——出版/递交"这些类似"写作过程"的字样。美国小学从一年级起，就要求学生写作时关注文章的开头和结尾，这种开头直奔主题直抒胸臆、中间运用细节和证据证明中心、篇末点题的"三段论"方式，成为美国学生作文的组织和结构方式的特征。

正如卡内基教学促进会主席欧内斯特·波伊尔所说："清楚的写作导致清晰的思维，清晰的思维又是清楚地写作的基础。也许，与其他的交际形式相比，写作使我们为自己的语言负责任，最终使我们成为积极思考的人类。"

王荣生先生在《我国的语文课为什么几乎没有写作教学》一文中指出：中小学有"当堂作文"，但所谓当堂作文，只是给学生写作的时间罢了，具体的写作过程教师很少顾及，更缺乏有效的指导。架空写作的过程性指导，弱化写作过程的有效指导已成为当下大部分写作课堂不争的事实。难怪倪文锦惊叹：现在几乎看不到教师如何指导学生写作文。教师在写作课堂上的无作为、不作为，问题到底出在哪里？

当前教育界信奉这样一种定论：好的学生不是教出来的，差的学生是教不好的。写作，更是如此，它取决于个人天赋、家庭环境和课外阅读等因素。受此"写作不可教论"的影响，大多数习作指导课缺乏清晰的教学目标，缺乏有效的活动设计，缺乏针对性的过程展开。

一些老师认为习作是极具个性化的思想表达活动，教师的介入会固化学生的思维，唯有让他们自由写作才能激发他们的写作兴趣，因为兴趣是最好的老师。与其束缚他们的思维，不如放手，让他们"爱写什么就写什么"。于是，习作不需要教成了一线教师的集体无意识行为。

教师在写作课上的多数角色就成了学生写作指令的发出者,至于想教给学生一些具体的写作方法更是"谈教色变",毕竟修订版新课标将唯一能发挥教师"教"作用的一句话"力求写作知识的精要有用"也无情地删除了。

由此出现教师在学生写作过程中的严重缺位、坐以虚位也就不足为奇了。

习作,果真不需要教,不可教吗?笔者在广泛阅读古今中外的经典写作理论之后,欣喜地发现写作不仅可"教",有时还不得不"教"。

西方国家的写作教学一直宣扬这样一个观念:"写作是可教的,作家是可以培养的。"2011年由中国人民大学出版社出版的创意写作书系《开始写吧》《成为作家》《小说写作教程》等系列著作都在传递着和我们根深蒂固的偏见迥然不同的观点:写作固然是一个很难看透的"黑匣子",但是,写作技能是可以通过有效的训练得以提高的。即便是文学创作,也有可以使创作技巧能突飞猛进的"路数"。教师一旦发现这些写作"路数"并教给学生,就能使学生的创作技能取得飞跃式进步。在美国,作家主要是通过"工作室"培养。在"工作室",导师(一般都是成功的作家)传授创作的技能,组织学生进行创作与互相讨论。这些工作室不仅仅开在大学里,还开在校园之外,任何一个热爱写作并希望成为作家的人,都可以报名参加各种"工作室"来提高自己的写作能力。这些在全美遍地开花的"工作室"向世人说明了这样一个道理:人人都可以成为作家。每一个人独特的人生经历和感悟,都是成为作家最大的资本。

我们的写作教学并不是向着培养作家努力,但在"写作不可教"的当下,我们是否可以重塑写作可"教"的思想高塔?

写作教学有三个重要方面:有写作动机、有东西可写、能够写出来,相对应的分别是写作的兴趣、内容和技巧。叶黎明认为,写作课所能教的,应该放在第三个方面,即具体的表达方式、结构技巧和过程写作策略。其实,梁启超早就指出:"现在教作文的最大毛病便是不言规矩而专言巧。……如何做成一篇文章,这是规矩范围内的事,规矩是可以教可以学的。"可见,写作确实可"教",关键是需要我们确定好可"教"的内容。

第二章

"需要性写作"的理论建构

人本主义心理学家马斯洛把人的需要分为两种：基本需要与发展需要。基本需要包括生理、安全、归属与爱、尊重等需要（因缺乏而产生的需要）；发展需要包括自我满足需要及真、善、美等需要（存在的价值或后需要）。发展需要的最大满足就是达成人的"自我实现"。

"需要性写作"如何凸显学生的"需要"这一核心要义？激发他们的写作动机是首要条件。写作动机对学生写作自信的涵养、写作习惯养成的重要作用不言而喻。

苏联著名心理学家阿·尼·列昂捷夫说："须知，正是活动的对象才使它具有一定的方向性。按照我们提出的术语，活动的对象是活动的真正的动机。不言而喻，对象可能是物质的，也可能是观念性的；可能是呈现在知觉中的，也可能只是存在于想象、思维中的。主要的是，在对象背后总是存在着需要，它总是适合这样或那样需要的。因此，活动的概念必须动机的概念相联系。没有动机的活动是不存在的。"

刘敬瑞认为，动机作为一个系统，不是单一、平面、机械、割裂的，而是由多种动因构合而成的复杂系统。动机的产生是一个综合效应，既有多种内因的推动，又有外部诱因的拉力与压力的推动，是内部原因与外部条件共同作用的结果。动机的发生既有需要、目的、兴趣、认识等诸内因合成的"推力"的驱动，又有外部诱因所产生的"拉力"或"压力"的驱动，"三力"相互作用方能产生巨大的推动力，驱使主体产生动机并进而逐步产生具体的创作行为。

潘新和教授将写作分为两种类型:生存性写作和存在性写作。他认为,写作的动机是基于两大需要之上的:一是应生活之需,一是应经精神之需。应生活之需的写作,我们可以称之为"生存性"写作,是为了学习、工作、处世应事之需要;应精神之需的写作,可以称之为"存在性"写作,是为了通过写作来体现自我才能、实现自我价值,以充沛的的言语创造力,最大限度地展露人的思想才华、精神风采与生命意义。

无论是"生存性写作",还是"存在性写作"都是不可或缺的。学生对言语动机的体认,往往是一个由自发到自觉的过程。原生性的言语动机往往就是生命本能的言说欲、发表欲、交流欲。这一动机是日后写作发展的基础。学生各种形式的言语冲动,都应该受到保护。写作教学的使命就是不要使学生发自情性的自然欲求受到压制,要使它们得以健康成长,逐渐地引导学生的言语动机向着个人与社会、物质与精神的高层次的需求发展,使他们成为在言语动机上有自觉追求和理想的人。在这一过程中,势必有曲折和反复,有个体差异与不平衡,教师须在尊重学生自主选择的基础上,创造出适合于不同学生的教学氛围,适时地引导和强化他们言语动机的健康发展。

言语动机源于人内在的言语生命冲动和欲求,言语动机是言语生命潜能的自由张扬。存在性写作就是要唤醒学生的言语生命意识,使言语表现活动成为生活、生命的重要组成部分。

"需要性写作"以激发学生的写作动机为逻辑起点。唯有将写作活动建基于学生强烈的写作动机之下,需要性写作才实至名归。

一、"需要性写作"的意义探寻

写作逻辑学告诉我们:写作包括为什么写、写什么、怎么写。纵观国内的习作教学,目光过多地聚焦在写什么、怎么写上,而对关乎学生"写作需要"的"为什么写"则很少关注。

其实,习作教学,最不缺的是"怎么写"。即便是备受追捧的活动作文也只是解决了"写什么"的问题；至于对写作的本源，也就是写作的源动力——"为什么写"则无暇顾及。"为什么写"的问题，实际涉及两个方面：一是写给谁看，二是写了做什么用，想解决什么问题。这两方面是相互联系的，归结起来就是写作的目的问题。所以，我以为，整个写作应从从记忆呈现的角度（告诉读者什么）和从交流的角度而言（考虑读者对象）。也就是说写作教学应该让学生明确"我们为谁写作""作文写给谁看"，根据不同的读者对象指导学生选择不同的语体和语言的表达方式。这恰恰是当前习作教学所缺乏的。

叶圣陶在《作文论》中指出："如有所感兴，必须本于内心的郁积，发于情趣的自然。"意即作文是真情实感的一种流露，是自己认识生活、感悟生活的一种文字体现。

萨特认为：创作行为通过形形色色由它创造或再创造出来的客体，企图实现世界的彻底更新。每一幅画、每一本书都是存在的复原，每一件作品都向观者自由地展现出这个总体。因为这确实是艺术的最终目标：通过使人看到世界的实际情况让世界恢复本来面目。习作更是学生现实的存在、情感的复原，习作，只有立足于学生的内在表达欲求，建基于他们言语生命的发展需求，才能将教师从传统、固化的习作指导泥淖中解放出来，将学生从"奉命作文"的被动写作中拯救出来。

而"需要性写作"思想的提出则能有效解决写作过程的逻辑缺失，暗合孩子习作发生的兴趣点，找到孩子言语生命丰盈的生长点。

"需要性写作"应立足学生的交往需要，为解决孩子作文中的难点解决殚精竭虑，想方法某策略。

附："向学校点歌台点歌"课例

《一起来点歌》教学设计

（一）情境引入，知晓法宝

师：还记得红领巾广播站的"点歌台"吗？我们大多数同学都向"点

歌台"点过歌,可被选中的却很少,多数人的歌都石沉大海。知道是什么原因吗?

老师从编辑老师那里拿到了一份"幸运点歌"的法宝,想一睹为快吗?

出示样本——

我最想点的歌是:《吉祥三宝》

理由:

第一次听《吉祥三宝》是在2006年的春节联欢晚会上。我很喜欢这首歌的旋律。听着听着,我就感觉心旷神怡,仿佛来到了辽阔的大草原。那青草碧连天的美景,那飞奔跳跃的马儿,那悠然恬静的羊群让我感受到了生命的美好、自然的和谐。我更喜欢它的歌词。听,它的歌词多美呀:"爸爸,哎!太阳出来月亮回家了吗?对啦!星星出来太阳去哪里啦?在天上!我怎么找也找不到它?它回家啦!太阳星星月亮就是吉祥的一家……宝贝,啊?爸爸像太阳照着妈妈!那妈妈呢?妈妈像绿叶托着红花!我呢?你像种子一样正在发芽!我们三个就是吉祥如意的一家……"歌词中描写的一家人多和睦、温馨、幸福呀,我希望所有的同学都拥有一个幸福快乐的家庭,好好珍惜现在拥有的幸福。

师:发现点歌成功的法宝了吗?

生:她写上了具体的推荐理由。

(二)熟知内容,明白目的

师:真厉害!一下子就掌握了制胜的法宝。那这份理由中到底写清了哪些方面的内容才征服了编辑老师呢?

生1:写清楚了乐曲的旋律以及由旋律带给作者美好的想象。

生2:写出了内容的感人之处。

生3:最重要的是写清楚了推荐这首乐曲的原因,也就是希望我们都拥有幸福快乐的家庭。

师:你看,要成为"幸运点歌者",我们可以从乐曲的旋律、歌词的内容等角度写清楚理由,更重要的是还必须有明确的送歌对象,也就是你乐曲是送给谁的？送歌的目的是什么？

（三）确定歌曲，书写理由

师：本学期校园的"幸运大点歌"开始了，你准备点首什么歌送给谁呢？让我们赶快拿起笔写下所点歌曲的理由吧！

学生自主练笔。

（四）交流修改，听歌完善

师：已经有同学想迫不及待地想交流了，我们一起来欣赏吧。

出示一同学的理由，一边朗读一边说说她是从哪个角度写理由的？她送歌的目的是什么？

你认为它哪个方面的内容可以再写具体些？（旋律方面的）

现场点击旋律，全班共听，思考还可以增加什么内容？

同伴合作修改完善。

（五）角度拓展，多元生长

师：其实有些歌曲还能给我们以动力，她里面的旋律、歌词曾一次又一次地激励过我们，它同样值得我们送给身边需要激励的同伴。

师：有些歌曲背后的故事虽鲜为人知，却感人至深，同样能给我们以启迪。

聆听歌曲《丁香花》。

师：知道这首歌的由来吗？

出示资料：

一个叫曾梦捷的女孩生了一场大病，无法去上学了。她在网络里遇到了一个无话不谈的网友，他就是《丁香花》的作者唐磊。唐磊建议女孩取个网名叫丁香。唐磊压根没有想到，丁香的生命其实已经快要走到尽头。唐磊得知此事，非常伤心，在无边的黑夜中，唐磊借着一盏孤灯强迫自己沉静下来，他和丁香的交往像黑白胶片既清晰又破碎斑驳，唐磊的泪一次一次滚落。天明时分，感慨万千的他一气呵成写下了一曲凄美哀绝的《丁香花》。丁香花成功录制并在网络上很迅速走红。当这首歌传唱开来的时候，病榻上的丁香却永远地闭上了眼睛……

师：你们从这首歌中读出了作者的什么情感？（这首歌表达了作者怎样的情感呢？）

生：对朋友的怀念。

师：俗话说"千里难寻是朋友"，希望这首歌能唤起更多的同学去珍惜朋友之间的友情。让我们将这首歌送给每一个渴望友情、珍惜友情的同学吧！

《丁香花》音乐响起，屏幕出示《丁香花》歌词，一起哼唱这首歌。

(六)梳理写法，价值实现

师：聊到这儿，知道如何使我们的点歌理由写丰富了吗？

生：可以从旋律、歌词，歌曲给人的激励和歌词的由来等角度写。

师：还有要补充的吗？

生：我认为歌曲是送给谁的，想要表达什么心愿一定要明确。

师：是啊，这是你为对方点歌的目的所在。课后让我们将理由写得再丰富些，目的再明确些。我相信，当编辑老师看到我们的点歌理由，一定会非常欣赏。

此课例设计基于学生真实的生活需要，"点歌"曾是学校广播电台的特色栏目，学生经历了投稿点歌的过程就有着真切的写作经验。以他们的经验为基础，为着解决他们点歌的难点设计有针对性的指导活动，这就是"需要性写作"的价值追求。

二、"需要性写作"的儿童立场

学生到底有着怎样的写作需求呢？

我们精心策划了一次问卷——小学生"作文需求"调查问卷。此次问卷在三—六年级展开，每个年级选取两个班级发放问卷，问卷总数388份，问卷回收率100%。现将问卷的信息汇总如下——

小学生"作文需求"问卷信息汇总

你喜欢作文吗?	喜欢	72.4%	不喜欢	37.8%
你写作文时经常遇到什么困难?	没材料可写	31.4%	有材料写,不知选择哪个材料合适的	43.5%
	不能围绕一个中心写作	23.7%	事例与中心不一致	21.6%
	不会描写,写不具体	35.5%	不会开头、结尾	15.9%
你的作文中有细节描写吗?	经常有	55.4%	偶尔有	37.6%
	没有	5.1%		
你写好作文主要是谁修改的?	自己修改	64.1%	家长修改	20.6%
	老师修改	35.5%	同伴修改	5.9%
	小组互改	14.1%		
修改作文时你的做法	主要修改错别字、病句	32.7%	对照作文要求,认真修改	50.7%
	和同伴合作,请他们提修改意见,再修改	22.6%	根据老师的批语修改	45.8%
	不太会,从不修改	0.5%	其他	1.2%

此表各项问卷项目指向新课标对写作教学目标的具体阐述和学生的发展需求,期望借助此问卷,对各项数据进行汇总、分析,提炼出学生作文需求的"主要表征",为后续的研究指明一条针对性强的实践路径。

(一)被肯定的需要

写作的评价,要重视学生的写作兴趣和习惯。唯有看到学生点滴的进步,以发现亮点为评价标准,给他们以成功体验,才能激发学生的写作兴趣。且看学生喜欢上作文的一些理由——"得到夸奖很自豪""如果写得好妈妈还会表扬我""每次都很期待老师有什么批语在作文本上""当别人肯定我作文中的进步时很有成就感""看到老师评语或双圈很开心""能得到九十几分很高兴"。

潘新和认为,教师对孩子文章中存在的问题完全可以视而不见,只需拿着放大镜发现他们的优点,艺术地表扬他们的优点。久而久之,他们作文中的优点就会像爬山虎一样漫山遍野地疯长开来,缺点就会被挤得无地自容。个中要义,为我们的写作评价指明了方向:多肯定学生富有个性的言语表达,积极使用肯定性评价,以发现亮点为己任,用放大的亮点来点燃学生写作的持续热情,用多元的评价来养护孩子的言语生命。

（二）与人交往的需要

比较中西方的课程标准,你会发现:我国的作文功能往往指向表达,而西方的作文则指向"交际"。通过作文实现情感沟通、人际交往应该成为作文的题中之意。其实,作文的交际功能与孩子的情感发展、认知取向是有着与生俱来的契合性的。问卷中,在对孩子喜欢作文的原因进行梳理时,"互相学习作文""可以通过写作文来交朋友""可以和同伴一起修改,可在修改中知道自己的短处""交流中可以汲取同伴作文的好处""可以发表,可以让更多的人读到我的作品""发到空间可以让更多的人分享,有机会给大家展览,让别人知道发生的事情",成了高频率语句。可见,作文教学中,为学生搭建交往、分享的平台意义深远。作文的交往性落实在写作过程中即可理解为"同伴互改"。问卷中,同伴修改的落实率只有5.9%,小组修改的落实率只有14.1%。

无论是实验稿的课程标准还是2011版的新课标,始终将"交往性"作为写作教学的价值认同。"同伴间的互相修改"一直被摆在非常重要的位置。课程标准第三学段(5-6年级)"习作目标"中的其中一条是:"修改自己的习作,并主动与他人交流修改。""评价建议"中有一条是这样表述的:"重视对作文修改的评价……引导学生通过自改和互改,取长补短,促进相互了解和合作,共同提高写作水平。"这里的互相评改其实就是在落实作文的"交往功能"这一目标。可见,写作实践中创设各种情境,为学生提供互相修改的平台既是写作课程的目标,也是在顺应孩子的发展欲求。

（三）自由表达的需要

在对37.8%不喜欢作文同学的问卷分析中发现,不喜欢的原因集中在:有写作范围,不能想写什么就写什么;不会开头和结尾;不会使用优美的语句;不会用什么成语;写不出好句;写的作文经常得不到好分;字数写不满等等。透过这些阻碍学生爱写作文的理由,我们是否可以得出这样的信息:我们给学生的框框太多,他们受到的约束较多,要写固定的内容,不能选择自己喜欢的内容写作;好文章就是要用上成语,拥有优美的语句;作文一定要达到规定的字数。优美语句,字数要求,对小学生写作来说真的那么重要吗?

修订版新课标也将小学高年级写作字数400字的要求删去了。之所以删去小学高年级学生的字数要求,我想意图很明显:让学生自由表达,只要能文从字顺地表达清楚意思即可。

作文是表情达意的,自然无须一定要有优美词句,只要能用恰切的文字准确地传达出自己的意思就行,更不需要给学生太多的写作内容的限制。只有这样,我们才能较好地落实新课标关于写作教学的具体建议:为学生的自主写作提供有利条件和广阔空间,减少对学生写作的束缚,鼓励自由表达和有创意的表达,提倡自主选题。鼓励学生说真话、实话、心里话,表达真情实感。

只有做到以上要求,孩子们才能不惧怕作文,进入敢写、乐写的积极状态,他们才能拥有持续不断的言说自信。

(四)方法习得的需要

我们对不喜欢写作文的问卷进行深入了解,没材料可写、有材料不会选择、不会描写,写不具体、不能围绕中心写、不会开头,不会结尾、中心与事例不一致等原因占到82.6%。这些问题集中在技法的运用方面,归结起来就是选材能力、布局谋篇能力。而这些能力应当"教"给孩子。

课标指出:写作教学应抓住取材、立意、构思、起草、加工等环节,指导学生在写作实践中学会写作。指导的过程即方法渗透的过程。可见,按照写作的逻辑过程,抓住取材、构思等环节指导学生习得切实可行的方法应成为写作教学的重点。

"问诊"孩子的作文需求回归的是习作教学的逻辑起点:以交际为目的激发孩子的写作热情;以孩子的写作困惑为教学推进的"着力点"。

由此看来,何谓"需要性写作"？需要性写作,即为激发和满足学生"自由表达与交流的需要"而进行的作文教学活动。"需要性写作"有两大展开维度:一是为激发学生自我表达的需要和与他人交往的需要,旨在激发和顺应学生的"内在言说需要",还原写作的"交际"功能;一是从学生的写作实际出发,针对学生作文中遇到的实际困难提供切实可行的、有针对性的帮助,旨在满足学生的"克服写作困难需要"。

三、"需要性写作"的理性建模

激活习作需求,是启动学生动力系统的重要途径,是调动学生胜利完成习作任务的好方法。心理学家马斯洛的需要层次论为"存在性写作"提供了理论支撑。人的需要划分为5个递进的层次:生理需要、安全需要、爱的需要、尊重的需要和自我实现的需要。其中,作为最高层次的自我实现需要,是一种促使人潜能得以实现的趋势。希望自己越来越成为所期望的人物,完成与自己能力相称的事,这样便能获得最大的快乐。基于以上思考,"需要性写作"可从下列维度展开模型建构。

(一)肯定赏识型

需要性写作唯有立足教育心理学和发展心理学,才能把脉准学生的习作需求。而习作教学中放大学生的优点,肯定他们的点滴进步,冠以各种极具诱惑力的荣誉称号,无疑能让每个学生都葆有言语生命的自豪感、存在感。

由周记备受追捧说起——

"老师,我已经想好周记的内容了。""老师,能写两篇吗？""老师,虽然本周不要求写周记,但我也准备写。""老师,她周记写了七篇。""老师,什么时候讲评周记？"每当听到孩子们这一声声激情澎湃,充满期待的稚言童语时,内心便涌起一阵阵甜蜜的感动。

掐指算来,周记进入孩子们的生活已满三个学期。期间,孩子们能不拘形式地记录下发生在身边的生活琐事。课间游戏、班队活动、分享节的台前幕后、家庭趣事、亲子剧场、举家远足已成为了他们汲取灵感的"天然牧场";书香一瓣时的情思勃发,社会万象中的有感而发,喜怒哀乐后的真情告白则成了他们情感的"源头活水"。

为客观、全方位呈现周记的生存状态,再现周记的受欢迎指数,调整新学期周记的使用策略。我在班内做了一次题为"你喜欢写周记吗?"的问卷调查。问卷内容很简单:只要列出自己喜欢或不喜欢的理由即可。我明确地提醒他们:你们必须讲真话,你们的真实想法将决定周记的如何使用。在全班49份问卷中,有45份显示出了喜欢,占总数的91.8%。喜欢的理由集中表现为:能得到周记之星;能分享到同伴的精彩文章;能提高写作水平,听到老师在班上读自己的文章很自豪。当然,也有不太喜欢的理由:如果老师能提供具体的题目,他们会更乐意写。

学生对周记的热捧、迷恋既增添了他们情感的幸福指数,又在情意流淌中润泽了他们的言语生命。此生命的厚实、丰盈源自他们对自我情感世界的生命自觉。在收获成功喜悦之余,我很享受将我的做法做一网状梳理:

人的深层需要都有渴望别人赏识的愿望,对于尚未成人的小学生更是如此。每位学生都有进步的愿望,都有被别人赏识、被人肯定的愿望,都有主动发展的潜能。儿童习作能力的形成和发展,在很大程度上得益于老师的宽容、信任、引导和激励。在给学生的周记进行星级评定时,我正是秉承这样的宗旨:相信他们能写出映射自己生活原型的周记;只要周记中有发自内心、充满真情的片言只语就可获得星级作文;谁的周记中有出彩的细节描写,谁写出了自己个性鲜明的片段,谁的选材独到,谁的构思新颖,谁就会得到心驰神往的星级作文。这样做正是保护他们的言语自信,他们在潜移默化中学会用合适的词句表达自己最想表达的意思。孩子们的言语自信增强了,他们就会接连不断地写出一篇篇出人意料的周记。

黎巴嫩著名诗人纪伯伦说过这样一句话:"我们已经走得太远,以至于忘记为什么而出发。"对孩子来说,喜欢上周记的理由真的很简单,就是为了得到老师设立的星级荣誉。因此他们为了得到相应的荣誉而乐此不疲。荣誉背后正是孩子渴求被赏识的情感需求。有了写作的情感内驱力，还愁学生的言语生命得不到滋长吗？

每学期评选一次"作文高手""作文能手""作文新星"。每周一次的周记之星评选激活了学生写作的原动力。获得三星作文的学生将有机会在班级"星光大道"贴上一颗金光耀眼的星星。三星作文的评级标准也是多元、因人而异的，只要写作态度端正、过程扎实、真实地写出了自己的所见所闻、所思所感就行。一学期一汇总，获得十次以上的同学将获得"作文高手"称号。正如有些学生在问卷中所言："我喜欢写周记，周记让我品尝到了成功与喜悦，在周记中我的情感得到了尽情地释放。""本学期，我力争被评为'作文高手'。"为避免学生的"审美倦怠"，我们的评价机制还在不断升级。连续两次被评为"作文高手"，到第三次依然达到"作文高手"标准的，可晋级为"班级小作家"。升级版的小作家有"金牌作家""银牌作家""铜牌作家"之分。荣誉项目的推陈出新、不断推进，极大地调动了学生参与写作的热情，满足了他们的情感需求。

"得到星级作文，就有机会在班级宣读自己的周记。""当老师读我作文时，我感到很自豪。""当同学们在认真听我周记时，我很有成就感。""星级作文传到校园网，还有机会投稿发表，可以让更多的同学分享到我的文章。"这是多数同学在问卷中的情感独白。孩子的"读者意识"很单纯，无须中规中矩地变成散发着油墨香味的铅字，哪怕是发到校园网或当众宣读都感到异常兴奋，万般满足。可见，当写作成为一种"公众的言说"，其"表达""交流""对话"的功能也就能轻而易举地彰显出来。

周记作为孩子学习生活的重要组成，俨然已成为他们生活的一部分。在周记的书写、讲评中孩子们正在过一种属于自我生命成长的完满生活。为让不同层面、不同发展需求的孩子在周记中走向自主，我们除坚守一些卓有成效的做法，还将不断以学生的生命诉求为生长点，满足一些孩子的情感需求：如让写作能力特别强的孩子去评价同伴的星级指数；定期举行独具特色的"擂台赛"，展现他们的言语魅力。真正实现周记对学生言语生命成长的激励、发展功能。

让孩子喜欢上作文的原因很简单：赏识他们的点滴进步，迎合"被肯定""被认可"这一人之常情。

肯定赏识型写作指向发现优点、肯定优点、放大优点，对于学生作文中的用词错误可以忽略不计。记得一位大家曾说过，当我们无限制地放大学生的优点，学生的作文中会出现一个又一个带给人惊喜的句子，就像雨后春笋般一样。相反，即使学生作文中出现了一些用词错误、语法错误，那是学生创新思维的萌发，他们在积极尝试运用学到的新词、新的句式，他们勇于吸纳的情怀、大胆运用的探索精神是最为宝贵的学习姿态，应积极养护。

班上一位作文后进的孩子，偶尔一次路过校园旁边的人民公园，将雨后喷泉在阳光照耀下的夺目光彩写了下来。他的那次习作中只有一句写得夺人眼球、扣人心扉的句子。在讲评时，我重点表扬了作者观察的仔细，情感的细腻，想法的独特。让人意想不到的是，仅仅那么一句不经意间的表扬、肯定激发了他留心观察的意识，在后续的作文中，他总能写出让人眼前一亮的句子。因此，我常常跟学生说："最好的作文是别人读了之后有一种怦然心动的感觉，读者能感受到你的呼吸和心跳。"

可见，赏识型写作不是要求我们老师做个评判官，应成为学生作文的欣赏者、发现者、宣传者。当孩子们因为我们的赏识肯定而产生了源源不断的写作动力时，"需要性写作"才真正走进了学生真实的心灵世界。

（二）情感发泄型

叶圣陶先生在《作文论》一书中指出：我们作文，要写出诚实的、自己的话。假若有所表白，这就当有关人间事情的则必须合于事理的实际，切于生活的实况；假若有所感兴，这当是不倾吐不舒快的，则必须本于内心的郁积，发乎情性自然。这种要求可以称为"求诚"。从原料讲，要是真实的、深厚的，不说那些不可证验、浮游天际的话；从写作讲，是诚恳的、严肃的，不取那些油滑、轻薄、卑鄙的态度。

"需要性写作"的要义之一就是让写作成为他们讲真话、抒真情的载体，当他们找到了表达情感的正确通道，他们自然能情真意切文诚。为达到此境界，我们要做的就是营建他们的情感表达场。

儿童作文就是让儿童尽情地倾诉个体生命的知情意行，自由地表达心灵的喜怒哀乐。作文教学中，教师的首要任务应该是充盈孩子的情感源泉。当他们的情感蓄积到巅峰状态时，他们势必要寻求一种释放的路径，此时的"顺情而写"不是"应师之作"，悄然成了孩子发泄情感的需要。

由《哑剧游戏》说起：

为缓解孩子课间吵嚷现状，我和孩子们策划了一次"哑剧游戏"。规则是一天在校时间除了上课、与老师交流时间可以说话，其他时间都不可以说话。当我和孩子们制定好游戏规则后，另同学们倍感新奇的"哑剧游戏"便开始了。由于这一活动是以游戏规则的形态出现的，这就产生了意想不到的效果。这么大的一个班级，五、六十个学生，由于游戏规则的限制，涌出教室，跑回教室，操场上围圈圈，排队跳长绳，居然没有一个学生讲话！只有"吃吃"的笑声和手舞足蹈的比比画画！这可真是"天方夜谭"。

虽然第一次"做哑剧"使学生感到无比的新鲜，但时间一长，学生难免憋得难受。谁没有满肚子的话想要讲讲？不大声的讲，轻轻讲两句也是好的啊！可是，规则，游戏的规则却不许讲话。这样就产生了一个矛盾，想讲又不能讲的矛盾。这个矛盾憋呀憋，一直憋到游戏做完——还是不能讲话。这不要憋死了吗？不，不会。因为游戏做完以后，孩子们找到了另一条发泄情感需要的方式——在纸上写下了。

任何人，有了情绪了，动了感情了，总是会无孔不入地寻求表达的。最寻常的表现就是说。不能说，就叫喊，不能叫喊，就笑，不能笑，就哭，不能哭，就在地上打滚，不能打滚，就拍手蹬脚。拍手蹬脚别人又不能明白你的意思，那怎么办？如果允许他用文字来表达自己的内心感受，那么，他一定会写出篇好文章来的。

"中午拿饭时，我本想趁机放松一下，在实在比划不出的时候偷偷地说几句。谁知，就当我嘴巴在蠕动时，神秘的王老师迎面走来，那敏锐的目光马上便定格在了我那半呈'O'形的嘴上，还用略带阴森森的声音说了一句：'在悄悄交流的吧'。说罢，便便拂袖而去。"

"放学了,游戏结束了,禁令解除了。可是我却怎么也说不出一句话,原来,我已经习惯了这个游戏,习惯了控制自己,习惯了用手去比画要说的话。现在,已经没有了先前气喘吁吁的感觉,也不难过了。原来,良好习惯的养成就是这么简单!"

咱班的"哑巴节"

星期三,我班首届"哑剧节"拉开了序幕。规则很简单,只要一天不说话就可以了(上课、与老师交流除外)。

游戏开始了,我一边紧闭双唇,一边睁大眼睛观察四周的同学。你瞧,同学们个个上唇紧贴下唇,唯恐露出一点"风声",教室里更是安静得连根针掉在地上的声音都能听见。平日里吵吵闹闹的教室突然变得异常安静,同学们一时半会儿地都适应不了,个个瞪大眼睛,用差异的目光瞅着身边的每一位同学。

没过多久,我忽然想起来我美术用的2B铅笔秃了,便马上想向张佳宇借削笔器。刚凑过头去想开口说话,猛然记起现在是游戏时间,不能讲话。这可如何是好?现在不能用嘴了,就只能靠其它办法了。有什么办法呢?我马上想到了传纸条,可是我身边没有纸,这个办法只好废弃。还有什么办法呢?我继续转动脑筋,对了,可以打手势呀。于是,我伸出手,点了点张佳宇。张佳宇回过头来,充满疑惑地看着我,满脸惊诧。为防其误会,我连忙做了一个正在削笔的手势,又指了指那秃了的铅笔,再将双手伸出来,意思是希望他能把削笔器给我。张佳宇有点心领神会,下意识地点了点头,将削笔器轻轻地递给了我。嗨,我这"哑巴"所闯的第一关还算顺利。

中午到了,我感觉自己非常迫切地想说话,有好几次滑到嘴边的话又被我给咽了回去。

下午帮跳绳精英队"测试"时,由于不能说话,到底怎样叫男生迅速过来练习呢?我不停地做着手势,可是男生们一个个莫名其妙地看着我,愣是看不懂,丝毫没有想过来的意思。我如此大费周章地向他们传达意思,他们却冷眼相对,真是让人心焦。无奈之下,我只能孤注一掷,使出最后一招——边打手势边发出"嗯,嗯"的声音。谁知,不解风情的男生非但不领情,还在那里一个劲地嗤之以鼻,有道是"狗咬吕洞宾——不识好人心。"那时的我真想大声地斥责他们几句,可一想到游戏规则,只好忍气吞声,就此作罢。

终于到了放学时间,当王老师问我们现在是不是特别想说话时,我们一个劲地点头,就像小鸡啄米一样。

通过这次活动,我感到能说话也是一件非常幸福的事情,相比那些不能说话的人,我们能清楚地表达自己的感受,能畅所欲言,真是幸福啊!

(张颖彦)

今天,我们静悄悄

今天,班级静悄悄的。倒不是同学们变乖了,而是王老师让我们当了一天的"哑巴"。

早上一来到学校,班级里的气氛就有点"异常",先是同学们都十分紧张,仿佛空气凝固了,生怕动作一大,就会惹怒定时炸弹,"啪"的一声爆炸了。我很兴奋,就让同桌和我练习了一下。我想说:"今天说话真困难!"就先用手凭空指了指,表示今天。又指指嘴巴,迅速皱起了眉头,两手一推,很无奈的样子。同桌想了一会儿,开口问:"什么?不懂!"我有点失望,真怕到时候"语言不通"。下课了,我们的"哑剧"便正式开始了。

我、邹昕怡、蒋圣云正准备去做早操,就看见了壮观的景象:十个左右的男生围成一圈,个个手舞足蹈,有的甩头,有的跺脚,有的甚至在dancing……我们见状,都情不自禁地在偷笑。想想今天一定特别好玩!在欢笑、筋疲力尽、难受中,我们度过了一个上午。上课时,有的同学"抓紧讲话",总想把一个上午的见闻、收获都说出来,可上课还是上课呀!瞧,那些同学都憋红了脸,不是手脚不自在地动着,就是东张西望。我也不例外,看来只能使出我的必杀技了!

下午一下课,我、陈加贝、岳舒宜、汤书媛就像约好了似的,默契地冲出教室,准备玩一个哑剧游戏。首先,我们用手心、手背的方法决出了两队,我和岳舒宜一队,陈加贝和汤书媛一队。

游戏开始了!只见岳舒宜和汤书媛同时跳上了我和陈加贝的背,我们咬咬牙,背起队友冲向对方,我有点害怕,就闭上眼睛飞奔起来,耳边只有"呜呜"的风声和岳舒宜轻轻的尖叫声。"轰"的一声,我和陈加贝撞到了一起,感觉好像两个小行星相撞了一样,我想象着,这时星球上的一些零碎的东西就飞了出来,也就是岳舒宜和汤书媛……

当我睁开眼睛,一看还好,不是我想象的那样,我们都往后退了几步,但还是站住了。陈加贝用挑战的目光望了我们一眼,岳舒宜在我耳边轻声说:"冲啊!"我也受到了激励,不顾一切地撞向陈加贝。谁知,她早有防备,用身子一横,挡住了我的攻击。可是,汤书媛受到了震动,一下子从陈加贝的身上滑下来。耶!我们赢了!这时,每个人的脸上都出现了久违的笑容,笑得那么坦然,那么轻松,那么舒心。这就是我的"绝招",用尖叫和眼神来表达意思。我第一次这么开心,每个细胞都好像灌满了活力,充满了愉快、甘甜的气味。

今天,我们这里静悄悄的。我们用智慧学会了自我控制,解决了交往上不方便,使生活更加美好、丰富、充实。

(陈苏瑶)

做哑巴,真难受

今天,王老师宣布了一个小游戏——哑剧游戏。游戏规则是在任何下课时间都不能说话。第一节下课后,游戏便开始了。

同学们一下课便都找到了自己的伙伴,想说出自己的高兴事。结果都是欲言又止,打着手势交流。最有趣的就数我和奚琦了。一下课,我便拿好绳子准备与她一同前往早操地点。在路上,我想与她交流昨天晚上家里的事儿,可碍于游戏规则,我只能学着其他同学,打着手势与她交流。事情往往就是那么不遂人意,任凭我怎么张牙舞爪地用肢体语言表达我的意思,她就是不能做到"心有灵犀",怎么点都点不通。看着她愣是没看懂的表情,我只好变换方式用口型,可是要说得实在太长,显然行不通。

尽管我小脸憋得通红，十分想让对方知道自己的意思，到头来都是竹篮打水——一场空。万般无奈之下，只能选择放弃。唉，当哑巴的日子真不好过，连交流思想障碍重重，真难受！

中午拿饭时，我本想趁机放松一下，在实在比画不出的时候偷偷地说几句。谁知，就当我嘴巴在蠕动时，神秘的王老师迎面走来，那敏锐的目光马上便定格在了我那半呈"O"形的嘴上，还用略带阴森森的声音说了一句："在悄悄交流的吧。"说罢，便便拂袖而去。看着王老师扬长而去的背影，我在心里大声说了一句："啊，不说话真是憋死人，真难受！"

哑剧游戏在同学们的焦灼等待中落下了帷幕，我心中的感慨也随即油然而生：哑剧游戏虽让人难受，却能考验我们用无声语言与他人交流的智慧，更能锻炼我们面对规则时的自我控制能力。

（张玮）

当一天的"哑巴"不容易

今天，王老师让我们做一个游戏，叫"哑剧游戏"，规则是一天都不说话。

游戏刚开始大家都觉得很新鲜，可晨跑时就有同学打开了话匣子。我强忍着不让自己说话。可到了第二节课下课我也憋不住了，说出了第一句话。教室里的声音越来越大，一切恢复了往日的喧闹。我又忍不住地讲了一些话，唉，不讲话真难！

中午，我和张玮一起去拿饭，憋了许久的嘴巴再也受不了了。我开始与她窃窃私语起来，可是刚走到半路，我们就"倒了霉"——碰上了去食堂的王老师。张玮刚打开的话匣子只好停住了。只听王老师说"开始偷偷地交流了？"。说完朝我们一笑。我们只好乖乖地闭上了嘴。不说话是对我们一种考验，我在这次考验中失败了。

午自习时，王老师问："今天有多少同学做到一个上午没讲话？"全班哗然，没有一个同学不讲话。老师让我们再尝试一个下午不说话。

中午很快过了，很多同学都自觉地闭紧了嘴，只有些不自觉的同学还在喋喋不休。体验了一个课间，我觉得有点不自在。和别人交流时只能

"哼哼……"根本表达不出所要表达的意思,别人也看不懂,只能写小纸条。那样既费力,又费时,一点也不方便。我想问郑凤岐一个谜语,在那"手舞足蹈"起来。我自认为我比画得很到位,可她却怎么看也看不懂,我急得直跺脚。在心里把谜面念了一百遍,可惜她又听不到。没办法,我只好放弃了这个谜语。刚一个课间过去,我哼得嘴唇都麻了。原来,一直被我们忽视的嘴巴居然有那么大的作用。

我不停地提醒自己,努力不让自己讲话,可还是情不自禁地说了几句,不说话其实也很难!

一天下来,我的手写酸了,嘴也哼麻了。但是少了一些噪音的教室比原来多了一些学习氛围。通过这个有意思的哑剧游戏,我明白了:聋哑人的生活很不容易;我们通过建立一些规则意识,让我们增加了智慧。其实不说话固然难受,但没有噪音的感觉真好!

读完学生的内心独白,蓦然发觉"哑剧游戏"结束后的自由写作最大的价值取向是催生了孩子言语生命的自由生长,尤其是我们平时苦苦追寻的动作、神态、心理描写在此游戏中得到淋漓尽致的彰显,真可谓"众里寻他千百度,蓦然回首那妙就妙在哑剧进行处"。

情感发泄型写作最为关键的是将习作巧妙地植入学生的情感勃发地带,让他们产生不吐不快的冲动。教师要做的一项工作是"造势",为学生情感的肆意流淌挖沟决堤,挑逗他们情感流淌的神经。

为避免学生对此类习作的反感,教师不能为创设情境而创设情境,可结合学校开展的时令性活动,及时捕捉学生情感的萌发点、矛盾点、转折点,进而不露痕迹、因势利导地为其创设流泻情感的"场"。

(三)思想表达型

人类有用有声方式来交流思想的需要,也有用无声方式来交流思想的需要。作文作为一种生命的独白和心灵的对话理应称为生命与生命之间的真实表达与真情交流。

《创意叶贴画》灵感源自苏教版五年级上册第三单元中的习作内

容——写写秋天的树叶。鉴于在以前已写过树叶,我们备课组从激发学生写作兴趣的视角,运用"陌生化"教材资源开发理论对既定内容进行了适切化改造,将此次的习作主题定位为"叶贴画创意说明"。

活动分三个版块:叶贴画欣赏——叶贴画创作——叶贴画创意说明。这份创意说明由于是写给学校"叶贴画创意大赛"的评委看的。我们从创意说明、创意灵感来源、题目拟定、材料选择、颜色搭配、亮点强化、意思明确、语言流畅等方面进行全方位构思与讨论。

讨论的过程实际就是对读者对象的阅读目的、阅读心理进行分析、定位的过程。由此而形成的写作方向其实就是针对这个具体的写作情境明晰的"真实"的写作技巧。

学生作品的题目可谓是创意无极限,有来自李清照词的《如梦令》,有来自寓言故事的《蝉和狐狸》,有为亚运献礼的《广州加油!亚运加油》;学生的内容说明更是精彩迭出——

《广州加油!亚运加油》

亚运期间,我用一种不知名的、卵形的红树叶剪贴成亚运会的会标。从远处看,这幅叶贴画就像阳光下一团熊熊燃烧的火焰,给人一种流动、充满活力之感。我用这幅栩栩如生的叶贴画为广州加油,为亚运喝彩!

(曹旭慧)

《鸟蝶秋景图》

我做的这幅叶贴画叫《鸟蝶秋景图》。我的创意不在鸟或蝴蝶上,而在下面的菊花、松针、碎叶合成的线条上,它体现了秋天看起来杂乱,其实流淌着古朴的气息。原来司空见惯的小草小花也能将秋的韵味表现得如此淋漓尽致。在收集树叶时,有两片叶子最让我得意,那就是蝴蝶的两片小翼:近看,他有四种颜色,而且就像用丹青点上去的,透明中折射出蝶翼的晶莹。秋天送去了南归的小鸟,吹开的菊花为蝴蝶们送去新鲜的蜜汁;秋风吹落了片片黄叶,为大树送去充足的养分。好一个温暖、祥和的鸟蝶秋景图!

(季慕之)

此情此景的创意说明是随顺学生思想的表白、情感的流淌自然生成的,是彼此之间表情达意、书面交际的工具,是一种十分重要的生命状态和生活行为。

马克思早就明确指出,情感是一个精神饱满、为自己目标而奋斗的人的本质力量。它会给学生以兴趣、以需求、以信心、以希望,推动、促进学生的发展。情感也是人的表情,从人的情绪和情感可以触摸到一个人的整体面貌,因为情感整体性地表达人的精神发育的外部特征。当然,情感不仅仅是兴趣、情绪,道德感、理智感、审美感都属情感范畴。《叶贴画》就属于发展学生审美情绪的范畴,让学生为叶贴画写说明是属于顺应学生表情达意之需要的。

(四)价值认同型

从言语生命动力学角度看,写作教学不是压抑和扭曲学生的个性和言语欲求,而是为了顺应、养护学生与生俱来的言语禀赋和情性。在他们的孩提时代留下文学创作的记忆,让他们用心编织理想的翅膀,期待长大,憧憬未来,用写作开启他们的精神世界,让他们为自己言语生命的存在价值而雀跃欢呼。

要实现学生自我言语生命的价值认同,最有效的方式是给他们自我实践运用言语的机会,想方设法为其搭建生长自我言语生命的平台,让他们在言语活动中挺立言语人格,催生言语智慧。

由苏教版五上级中的《伊索寓言》,我们开展了讲寓言故事——创作寓言故事——我最喜爱的寓言故事评比等系列活动。

学生的寓言——

狐狸与报警器

有只小狐狸,总是趁其他动物不防备的时候猛地扑过去咬其他动物一口,以至于其他动物都很怕他,一见他就急忙躲开。他的母亲十分爱面子,怕他这样做影响狐狸家族的名誉,就在小狐狸的嘴边安了个报警器,只要小狐狸嘴一张大,或是沾上些血,报警器就会响起,周围的动物就冲过来抓住他。小狐狸几次被动物们抓住,觉得难堪。

这样一来,小狐狸就不会再咬其他动物了,变得斯文了,名誉又保住了。他的妈妈十分高兴,脸上总是挂着笑容。

有一次,狐狸一家在夜里潜伏在一个农民家附近,随时准备去偷玉米。夜深人静,这群狐狸赶紧出动,偷了好几十个玉米,正当他们高兴时,一阵刺耳的"滴——滴"声划破了月夜的宁静,顿时,挨家挨户的灯火亮起来了,农民们拿着木棍,就冲下田里,抓住了十几只狐狸,小狐狸的妈妈也被抓住了。她有气无力地指着小狐狸嘴边的报警器说:"看来,这个报警器,是罪魁祸首……"

事物都有两面性,有些平时对你很有用的东西,在某些时候会要了你的性命。

(陈苏瑶)

新编《为虎作伥》

世上有许多贪官,中国也有许多贪官,其中有一个特别出名。

这个贪官总是颠倒是非,将许多无辜人的抓进了监狱。那些人被判刑后大呼不公,判的刑期还特别长,从十几年至几十年不等,不要说等到出来悔过自新,重新做人了,很多人还没有等到重见天日的那一天就早已老死。

那些刚正清廉的官员就更不用说了,他们早已成了贪官的眼中钉、肉中刺,也被早早投进了监狱,被判了死刑。

清官没了,贪官的天地就大了起来:此地偏僻,俗话说"天高皇帝远",他不仅拼命敛财,而且还兴风作浪,使百姓不得安宁。小官纷纷为贪官排忧解难,排除了前进道路上的障碍。贪官在自己营造的小天地里过得自由自在,呼风唤雨,要风,十级八不在话下;要雨,暴雨倾盆。他的日子过得十分滋润。

可如今改革开放年代,天虽高,主席却不远。这不,考察团来了。他奉上烟杆酒茶,好吃好喝侍候,可是,一位反贪局长发现了不对劲:问他工作他口若悬河夸夸其谈,可情况都不真实,他的下属都出来为他辩护,但最后一一被反贪局长反驳了。

贪官进了监狱,下属也都受到了惩罚。从此,这个地方风平浪静,人人兢兢业业,勤勤恳恳。渐渐地,地方官员以清廉出了名。

(金海纳)

当同学们评出由班级同学创作出的最喜爱的故事后,我们又围绕"班级奥斯卡"开展了如下活动:为几则最佳故事聘编剧——由编剧自行聘导演——导演海选演员。整个过程,学生以高涨的热情在积极参与。为引领孩子们用自己的言语智慧参与到"班级奥斯卡"主题活动中来,在颁奖盛典举行之前,我在全班同学中征集"班级奥斯卡各类最佳颁奖词"。

——事物都有两面性,狐狸妈妈为了不让小狐狸咬人,在它嘴里放了一个警报器。可是当他们偷玉米时,警报器又响了起来。这篇作品打破了常规,突破了创新,以警报器为中心,讲述了它的利与弊。选材很新,从另一个角度思考,语句通俗易懂,让人耳目一新,引起了我们的好评。成了首届的最佳作品!

——她的作品《狐狸与报警器》独具匠心,惟妙惟肖,立意深刻她在字里行间燃烧的期望,震撼多少同学的心灵;在改编成剧本后,仍然熠熠生辉。充满童趣的文字中,俨然蕴含了深刻的道理:事物都有两面性,有些平时对你很有用的东西,在某些时候会要了你的性命。她的这篇剧本,获得了许多同学的支持,在众多参赛作品中脱颖而出,当之无愧地成为了班级首届奥斯卡奖最佳编剧的得主!

——他的举手投足,都让人感受到了表演的乐趣。其实在我们看来,他并不是在表演,而是将自己融入了故事里,在用自己的动作和表情告诉我们他想要讲的故事,生动、传神、让人难忘。并且他也把自己融入了表演的团队,他的表演也给整个团队增添了亮色。他虽然演的只是配角,但配得让人觉得清新自然、小荷才露尖尖角。让我们衷心地祝贺巢晋源同学获得"最佳男配角",但愿他的新名字能给他带来更大的进步!

——有了她,舞台上气氛就活跃了起来。她虽然只是个配角,却演绎出了人物的神韵。

是她,为我们带来了欢喜,带来了快乐!

她把人物演得活灵活现、栩栩如生。她就是《狐狸与报警器》中小狐狸贝贝的妈妈,她把她性格体现得淋漓尽致,这一点让同学们对她啧啧称叹。

是她衬托出了主角神采,她创造了班级奥斯卡上的一座丰碑!她就是最佳女配角——陈加贝。有情陈加贝上台领奖。

——一个故事性的女孩,班里独特的知识分子,在《乌鸦·狐狸和狼》的童话里,她就是那个故事的主角,她有着奇妙的思维,把整个故事写得惟妙惟肖,同时把整个故事也演得生动有趣,有请她上台领最佳女主角的奖!

所有的颁奖词从自主申报撰写到查阅相关资料,再到反复修改,他们都以饱满的热情极力彰显言语生命的无限魅力。他们能为写准一句话去反复阅读原有作品和剧本,他们也能为将颁奖词写的入木三分去仔细斟酌相关颁奖词,他们更能为写活一个角色来征求同学、老师的意见。这样的活动,从小处看是他们经历了一次难忘的人生历练;往远处看,这样的学习经历有可能奠定他们未来的发展方向,他们一生的价值追求将由此起航。

此活动在带给学生自我价值存在感的同时也充实了他们难忘的经历,他们的心灵在激荡,他们的思绪在飞扬,这真是我们作文教学的理想之境。这样一次只有在电视里才能看到、只有那些作家才能经历的活动,我们学生也能体验一番、经历一回,虽然难登大雅之堂,但于参与、经历的学生来说,这是他们刻骨铭心的一次精神之旅。丰富的精神生活则是他们写作的"源头活水",他们会适当的时候调动这一生活储备,抒写七彩的童年记忆。该系列活动结束后,他们写出了主题各异、个性鲜明的随笔。

我们自己的"奥斯卡"

"11票,12票,13票……"咦?怎么有人在点票数?原来我们五(3)班正在进行"奥斯卡明星"评选赛!

轮到同学们评我的剧本了!"13票,14票,15票!"随着票数的增长,我的心跳也随之变快了。当老师在黑板上写下"15票"这三个字时,我以为胜利在望,脸上情不自禁地流露出得意扬扬的笑容,嘴张成了一个"o"型,手也做出了"V"之形。兴许是高兴太早的缘故,陈苏瑶的人气不断攀升,最终得到了"最佳原创"的称号,我屈居第二。这样的结果虽然让人大失所望,却在提醒我还要继续努力!

好在还有"最佳编剧"的评选,我异常兴奋。我可以有"复活"的机会了!班里的同学议论纷纷:有的人说曹旭慧能赢,有人说我会赢……大家都争先恐后地为自己的偶像投票,双手觉得高高的,唯恐老师看不见。

投票开始了,虽然我的票数增长了一票,可万万没想到"半路上杀出个程咬金",陈苏瑶的票数非但没有跌,反而涨了两票!我的希望再次破灭了。现在只能将希望寄托于巢晋源了,他也是我剧本中的演员,他如果评上了"最佳男配角",那也是为我这个剧组争光呀!

"最佳男配角"评选开始了!刚开始我们一个组的同学举起了手。接着,23双手也举了起来。最佳男配角诞生了,我欣喜若狂!下课后,我们围住了巢晋源,祝贺他获奖了!大家都高兴地抱成一团。我真感谢他很好地表演了我的作品。

评选结束了,我们都过了一把瘾,初次体会了奥斯卡评选的过程。我相信,在不久的将来,我们当中也会有人成为真正的明星哦!

本文最大的特点是选材新,小作者选择了时尚、新颖的"奥斯卡"为话题,将班级开展的"奥斯卡评选"系列活动跃然纸上。最值得回味的是小作者始终以积极、乐观的心态来面对得失。与"最佳原创"擦肩而过,和"最佳剧本"失之交臂,原想小作者会郁郁寡欢,结果却为表演自己剧本的同学获得"最佳男配角"而欢喜满足。情节真实,一波三折,给读者以享受。

(张佳宇)

价值认同型写作既需要我们充分认可学生作文的应有地位,更要引导学生通过写作,让他们发现自身潜藏的巨大价值,从而为他们持续不断的写作积聚力量,生长多彩人生的自信。

(五)与人交流型

写作的动机是基于两大需要之上的:一是应生活之需,一是应精神之需。应生活之需的写作,我们可以称之为"生存性"写作;应精神之需的写作,可以称之为"存在性"写作,是为了通过写作来体现自我才能、实现自我价值,以充沛的言语创造力,最大限度地展露人的思想才华、精神风采与生命意义,是为了"明道""露才""显己",是为了建构人类的精神家园。写作的动机,这物质的、精神的两大需要都是不可或缺的。写作能为人建构精神家园,使人获得真正的归属感,以使短暂的生命超越时空,让宝贵的精神长存,这就是基于"存在性需要"之上的写作动机。

"根据现代社会交际特点安排写作教学正越来越多地受到各国的重视。一般认为,能力源于活动,通过结合实际活动进行写作,这样培养的写作能力才能真正适应社会。"一些西方国家及日本把作文分为两类:第一,表现自己的文章,即表达学生自己所见所闻所思所感,这类文章以学生自己的生活为基础,要求写出真情实感,以培植学生的个性和创造思考。第二,传达社会信息的文章,即发挥社会传达技能的文章,包括记录、通信、报告、评论文等。这类文章以沟通思想为目的,要求写得明晰、简洁,起到达意的作用。这一类写作能让学生从中感到写作对于人际交往和实际应用的作用。

在"关爱生命,学会分享"这一理念的观照下,我校学生都在积极参与学校主题活动的策划,尤其是孩子们的活动,真正落实了"我选择,我喜欢"。在春游活动到来之前,我们将教材习作中的《写春游建议》与学校的学生社会实践活动有机地结合在一起。当孩子们的"春游策划案"被学校采纳之后,张老师还给我们全班同学写了一封热情洋溢的感谢信。

四(3)班的孩子们:

　　祝贺你们的出游策划案被学校采纳!看得出,你们为此次春游策划案的撰写付出了大量的精力。你们先是在班级进行策划案征集,又在班级进行最优策划案的评比,最后集全班之力拿出了这样一份计划周详、理由充足的方案。最让张老师欣喜的是,你们的班级策划案好了之后,还召集四年级其他班的同学举行了春游方案听证会。你们这样一种群策群力、当家做主的主人翁意识让我看到了你们的成长,张老师为你们的成长而高兴,为你们强大的号召力、策划力而喜悦。真诚地希望你们多参加到学校活动的策划中来,经常性地贡献出你们的智慧和才华。

　　让我们一起期待此次春游的到来吧!相信这次的出行,对你们一定有着特殊的意义。

大队部　张老师
3月2日

　　当我将张老师的信给他们念了之后,孩子们欢呼雀跃,每位同学都洋溢出格外的欣喜与感动。"同学们,听到了吗?我们的建议如愿以偿了!此时此刻你们想用怎样的方式来表达对张老师的肯定与感激呢?"同学们经过共同讨论、全面考虑,最终决定通过书信来表达心中的万语千言。很快,《给张老师的一封信》便送去了同学们的情意心声。更为巧妙的是此种书信又与教材中的一篇书信习作无缝对接。

　　学生在这样的活动中成了班级主人,一支支笔写下了班集体的建议被采纳的自豪感。他们对张老师的感激之情流淌在一篇篇充满真情实感的书信之中。学生通过手中的笔表达了作为每个个体生命意见得到尊重时特有的幸福与满足,班级成了他们自由言说、尽情释放的小家,学校成了当家做主的快乐家园。这种让他们饱尝受到尊重的活动,让他们有了言论自由的安全感,增强了他们言语生命的归属感。

　　与人交流型写作最大限度地找到了写作的价值——文章是与人交流的。写作教学中,如果教师能将写作的交际功能挖掘发出,让学生发现写作是解决生活中方方面面的问题的,写作是生活不可缺少的重要方式,我们的写作教学就成功了。

写作的交际功能并不是什么新理念、新主张,它只是还原了写作的本来面目,让写作有了本该有的地位。遗憾的是,在当下的写作教学抑或是我国传统的写作教学中,写作的交际功能并没能得到应有的重视,我们长期以来将写作当作一种任务,当作一种追名逐利的工具。其实,写作的"交际功能"在西方国家向来是渗进每个公民的血液的。美国等西方国家,从一年级开始写作起,就将写作的交际功能放在"为什么写作"的首要原因。这,不得不引起我们的高度关注。

写作应更加关注生命本体的内在需求,关注他们的心灵和精神处境,关注他们的欲求、个性、自我发展和自我实现。简言之,就是写作教学要尊重学生个人的言说意愿和爱好,尊重他们自己做出的判断和选择。

(六)自我实现型

由《个人童话文集》说起

苏霍姆林斯基指出:"在人的心灵深处,都有一种根深蒂固的需要,这就是希望感到自己是一个发现者、研究者、探索者。而在儿童的精神世界中,这种需要特别强烈!""要像对待荷叶上的露珠一样,小心翼翼地保护学生幼小的心灵。晶莹透亮的露珠是美丽可爱的,却又是十分脆弱的,一不小心露珠滚落,就会破碎,不复存在。学生的心灵,就如同露珠,需要教师加倍呵护。"

——未完待续的童话故事

当孩子们展示自主策划的《人鸦》读书成果时,有相当一部分同学采用了改编故事结尾、续编故事结尾、创编新版《人鸦》等方式。

《人鸦》续写

话说瑞夏德变回人后,就没有和鸦群打过交道。有一次,他的猫克拉奥旁边多了一只大红猫,嘴里还叼着一根彩色的羽毛。只见那只猫把羽毛拿在爪中,左转三圈,右转三圈,不停地"喵喵"直叫,然后把羽毛交给瑞夏德。

这是什么意思?瑞夏得想:左转三圈,右转三圈,不停地叫……不就是念咒语吗!瑞夏德接过羽毛,左转三圈,右转三圈,念着咒语:

"飞上高空,

箭一般俯冲,

天地之间任从容。

用你的翅膀担负起黑夜吧,

你去做乌鸦,

我来当儿童!"

"砰",转眼之间,瑞夏德又变成了乌鸦。"怎么会这样?"他问大红猫。"好久不见,"红猫说,"有一次一只彩色的乌鸦从云里飞过来,把一根彩羽给我,让我给知道他故事的小男孩,并告诉我了地址。"瑞夏德看了下羽毛,只见羽毛上写着:致瑞夏德。原来这羽毛可以来回变成人和乌鸦,不限次数。这就是乌鸦和人的转换器!瑞夏德又惊又喜。"还有,那只乌鸦让你多回鸦群看看。"大红猫说。"谢了!"瑞夏德深吸一口气,无所畏惧地向前飞。他飞过拉尔夫与鲁迪把他引到的那颗树上;他飞过鸦群考验他故事的地方;他飞过与鸟人会面的山间高地;他飞过罗高负伤的地方。

"终于到了!"瑞夏激动万分想。鸦群正在梳理羽毛。很快,不远处有鸟发现了他。

"瑞夏德回来了!"首先发现他的那只鸟惊呼道。

"我们的故事能手回来了!"又有几只乌鸦异口同声地欢呼起来。

鸦群一时骚动起来,它们真是不敢相信,可等它们定了定神,朝着夏瑞德上下打量了一番,果然是瑞夏德。他神采奕奕地飞到树枝上,和洛阿紧紧地挨在一起。"你好,洛阿!""你好!瑞夏得。"洛阿停了一下,说,"你怎么回来的?"树旁的草地上,罗高他们齐刷刷地望着他,满眼期待。"多亏了这根羽毛!"瑞夏德把来龙去脉讲了一遍。

"就是说,你可以任意变成人或乌鸦?"鸦群不约而同地说。"差不多吧！"瑞夏德说，"我那还有很多羽毛呢，我去给你们拿。"

夕阳的余晖透过树枝照在鸦群和瑞夏德的身上，也照在那一根根略带瑞夏德体温的羽毛上……

（郑昶宇）

瑞夏德与鸦群的重逢
——《人鸦》创编

瑞夏德常常趴在窗台上看着白云，他看到了他的乌鸦伙伴还有鸦群飞过的地方。他的功课做完后，也到树林里去走走看看他的鸦群有没回来。

这一天，瑞夏德像往常一样走进了树林，这时他看到了一大群乌鸦在树林里吃落在地上的果子，瑞夏德正在想这是不是他的鸦群呢，几只保安乌鸦就发出了警报，乌鸦们"刷"地一下飞上了树，只有朗多尔夫还继续吃着果肉，等它吃完后，朗多尔夫发现鸦群不见了，这时，它看到了一个满头金发长着雀斑的小男孩。

"瑞夏德？"

"朗多尔夫？"

"你来是还要交换吗？"

"不了，我是来看看老朋友的。"

朗多尔夫对着鸦群们说："这就是变回人的瑞夏德，别害怕。"

于是鸦群们飞下来，在瑞夏德周围围了一个圈，它们说："瑞夏德，再给我们讲个故事吧。""是啊，是啊，好久都没听你讲故事了。"……

然后瑞夏德就讲学校里和家中的事情。就这样时间很快就过去了，罗高说："瑞夏德，我们要往南飞了，再见，我的朋友！"乌鸦们也一个个向瑞夏德告别。

他看着乌鸦们越飞越远，变成一个个小黑点，怅然若失地回家了。

（张宇轩）

在讲评他们创作的富有个性特色的,一篇篇形式新颖、角度各异、价值多元的童话时,我对其中一篇题为《瑞夏德新传》的童话进行了重点夸赞。我除了欣赏他的独具创意外,我还被他文章结尾括号里的四个字——"未完待续"四个字深深吸引了。当我向大家宣布这一喜讯时,此同学竟向我投来暗许的目光。果不其然,第二天他就将其续编的故事交给了我。再一看扉页,居然赫然写着"目录"二字,顺着目录向下看,真是让人惊叹:他居然写了二十个小标题——

1. 瑞夏德挑战吉尼斯。
2. 爸妈眼中的瑞夏德。
3. 同学眼中的瑞夏德。
4. 瑞夏德获奖记。
5. 瑞夏德的故事会。
6. 动物保护协会。

……

显然,他是要将此故事进行到底了。看着看着,我不禁眼前一亮,于是当即在课堂上宣读了该同学新编的故事,特别对他富有创意的创作热情给予了高度评价。

——教室刮起"长篇童话"创作风

下课时,马上就有几个同学围拢过来,悄悄地对我说:"老师,我也可以编连续的童话吗?""好啊,当然可以,只要你有信心,同样能创编出好的童话。"此语如一阵春风,吹醒那一颗颗跃跃欲试的心灵。果然,接下来的几天,有接近二十个同学向我递交了创编计划,更有甚者,已经急不可耐地编了好几个章节了。

难得孩子们有这份热情,我便以"天天故事会"为平台,为所有创作者提供展示自我作品的机会。于是在以后的日子里,一有空闲,我就为他们大声朗读他们创作的故事,并参与到每个孩子的创作空间,及时了解他们的创作动向,适时为他们提供智力支持,做他们强有力的智囊团。那么多同学创作了长篇童话,有限的朗读时间不能满足大多数同学的"展示时间",怎么办?"班级博客"应需而生。"专题阅读"给了创作者极大的成功感;"专题点评"为创作者与阅读者提供了思想交锋的平台。

一学期下来,孩子们的成果也是斐然的:《时间睡着了》《超级战士》《谜之雪莲》……他们的心灵在此处交汇,他们的写作热情再次激情飞扬。班上两个合作创编童话的同学一有时间就聚到一起交流故事中人物的命运。

(学生创作的童话)

飞越黑夜

"哈啊——"我打着哈欠走进卧室,对妈妈说了声"晚安",就进入了梦乡。

半夜,我醒了,披起衣服,走下床。透过窗户望去,深蓝色的夜空像是被油漆工涂鸦过一样,蓝得恰到好处,蓝得神秘莫测。星星发出如钻石般的光芒,一闪一闪,若隐若现,看上去似乎远在天边,却又感觉近在咫尺。看不见月亮,半边天却发出微弱的光。

我目不转睛地望着,心里有一种奇妙的感觉。忽然,天空的尽头一个黑影越过,是什么?我很是好奇。慢慢地,黑影就像从滑梯上滑下来一样,轻而柔地滑到了我卧室的窗台上。我定睛一看,是一只黑猫:全身乌黑,找不到一点杂色;它的脸和耳朵都很尖,就连眼睛都是两条尖而美丽的细线组成;它的尾巴虽不尖,但又细又长。我打开窗,一股凉气逼来,刚想关,黑猫已稳稳地落在了我的书桌上。我急忙关上窗,细细地端详着它:眼睛绿莹莹的,分明透出一种苦涩,一种寂寞,一种忧伤。我壮着胆子,用手伸向它,想抱抱它。可它"喵"地叫了一声,往后退了两步,我吓了一跳,赶紧收回了手。

我很小声地问,你是谁?怎么会在这里?我刚说完就觉得自己太傻了,它当然是只猫啊!黑猫不太情愿地看了我一眼,然后转身背对我,尾巴先是转着,接着再敲打着地面,最后又回过头来用那尖细的眼睛向我瞥了一下。

第二章 "需要性写作"的理论建构

正当我的好奇心越来越强时,一道亮光闪过,黑猫不见了,我的眼前出现了一个和我一般大的小女孩:她的眼睛和绿宝石一样,皮肤很白,披着一头黑发,手指又长又细,穿着一件黑色的外套,下半身却只穿了一条紧身的黑色打底裤,露出来的腿很细很细,细得令人心疼。但奇怪的是,她没有耳朵,而且手总是捂着脖子,好像很冷一样。我无法直视她的双眼,很小声地问了她一遍:"你是谁?为什么来这儿?"她听了我的话,没有任何反应,过了一会儿,她才做出思考的样子,慢慢地说:"我是猫妖,叫小夜。"说完莞尔一笑,笑得温暖而平静。我问她:"小夜?你是猫妖吗?猫妖是什么?"她再一次露出思考的样子,半晌才说:"猫妖就是猫妖。我是被诅咒的坏猫妖。""可是你看起来一点都不坏啊,你为什么被诅咒?"她竟吸了吸鼻子,好像要哭了一样,突然朝我这边倒过来,我连忙扶住她,她的手好凉好冰啊!小夜随即挣脱开,摆摆手,说:"没事,习惯就好。"说完依然笑了笑,重新用手捂住脖子。

接下来,小夜给我讲了一个故事:她是一个猫妖,有个好朋友,叫黑羽,他救过她。但是有一次,小夜不小心把一根猫妖界最为厉害的刺扎进了他的皮肤里。从此,他变得冰冷没有同情心。小夜很伤心,觉得黑羽的病是她的责任,就把自己身体里的抵抗力细胞抽出来,输进了黑羽的身体里。可这件事被猫妖界的猫王知道了,他勃然大怒,因为黑羽是他的掌上明珠。自从那次被猫王列为猫妖界的"十大救国英雄"后,黑羽就在猫王心里有了一个重要的位置,猫王就把黑羽当作自己的亲生儿子一样看待。于是,猫王命令大臣们把小夜关起来。就在这时,恢复正常的黑羽冲进宫中刚要救她,就被猫王制止了。黑羽恨猫王太冷酷,朝猫王扔过去一个毒冰刺,小夜很善良,她不想让黑羽为了救她而杀掉猫王,友情是不能这样自私的,她不能任由黑羽这样。于是,她不顾一切地冲破大臣们的重重阻挠,挡在了猫王前面,毒冰刺插进了小夜的身体里。这一切,全被巫师看在眼里,他眼里闪过狠毒的光芒。小夜就这样失去了抵抗能力。一年过去了,她的身体里没有一样东西是好的。于是,小夜就把没用的东西都丢弃了,所以,她现在的身体透明透明的。说完,小夜把捂着脖子的手拿开,并慢慢把高领卷下来,一道鲜红的血疤露了出来,就像在那透明的水晶里嵌着一块红色的宝石。我用手伸向小夜的血印,问她:"疼吗?"小夜推开我的手软绵绵地说:"不。但我为此付出了代价。"说着,她就把黑发捋到一边,侧过脸指着本该有耳朵,现在却没有耳朵的地方,说:"巫师为了替猫王报仇,她派桧子手割了我的耳朵。"我吃了一惊,很同情她:"那你怎么听见我说话?"小夜皱皱眉头,不太开心地:"我是猫妖。"才说完,她就好像感觉到了什么,猛地抬起头,说:"对不起,谢谢你关心我。"她抓起我的手,盯着我说:"你愿意把你的一半力量给我吗?"我分明看到了她嘴角的一丝狡黠的笑容。"不!"我用力抽回我的手。"你把你身体里的捷安给我,我可以用我的晶体来换。"小夜毫无表情但有点求我似的跟我说。"可你,可你刚才还在……"我语无伦次。"是的,我承认。"她垂下眼皮,"我刚才有过强夺你生命的想法,可我一想到黑羽的那次杀猫王,我就觉得不能下手,我不能把我的痛苦转嫁到你身上……我不能这么做,对吗?"我很感动:"对!如果你想有抵抗力,我可……以……给你……"但说到后半句时,我又很难决定了。

小夜叹了一口气,望着快亮的天说:"我知道你很善良,谢谢,我要走了。"我忽然想起了什么,抓住小夜的手说:"我给你!"小夜笑了,又一次说:"谢谢你。"她两手抓着我,闭上眼睛,我感到一股巨大的能量从我身上逃走了。一会儿,小夜不见了,又变回了那只黑猫。她温柔地舔舔我,摇摇尾巴,一跃而起,消失在黑夜中。也许没有人会和我一样看过猫妖飞翔的样子吧?他们是天空中一颗美丽的蓝宝石,是天空的一部分。

我惊醒了,原来一切都是梦。从见到小夜到她诉说故事,再到她平静离去,整个过程,小夜给我的感觉是善良、温暖、善解人意的,她的语言透出一种真挚,她为了友情牺牲了自己,她的一个动作、一个微笑都感动着我,小夜在我心里永远是一只善良的好猫妖。

(陈苏瑶 已发表在《快乐文学》2011年第7期)

一颗咖啡果的希望

我是一颗挂在枝头,红得无比鲜艳的咖啡果。从很小很小的时候起,我就有一个希望——成为顶级的咖啡果。

这天,熟透了的我正晒着太阳,眯着眼睛往下瞧。突然,机会来了。一双亮闪闪的眼睛盯上了我,原来是一只身形小巧的狸猫。我使劲抖动身体,希望引起狸猫的注意,心里高叫着:"吃了我吧,吃了我吧!"狸猫仿佛听到了我内心的呼喊,一点儿不辜负我的希望,张开血盆大口,"啊呜"一口把我从枝头上扯到了它的嘴里。望着狸猫尖尖的牙齿,我暗笑道:"终于离我的希望近了一步了。"

我灵巧地躲过狸猫锋利牙齿的袭击,尽全力保护外皮里面的咖啡豆……

经过狸猫肚子的"洗礼",我变成了一堆人见人捂鼻的臭便便,可我的心里却美滋滋的。因为,离我的希望越来越近了。

纷纷飘落的叶片慢慢地堆积在我身上,我开始有了几分担心:要是我引不起人们的注意,我就只能埋藏于叶下了,那样,我的美梦就要破灭了。正想着,一阵大风卷起地而起,我又重新暴露在芬芳的阳光下。就在我为重见天日暗自窃喜时,一个期待已久的声音响起来:"好宝贝,我可找到你了!"随即,我被一只大手抓了起来,放进袋子里。我欣喜若狂,要不是待在袋子里,我一定要跳上一段疯狂的"恰恰舞"。

我被那人带回家后,经过几天的洗净晾晒,最终变成了最昂贵的咖啡豆。现在我可是身价百倍。在给你讲这个故事的时候,我正待在星巴克咖啡馆里,柔和的灯光洒在我身上。

我的希望已经变成了现实。每天我都能听见人们啧啧的赞美声。我好高兴啊,我兴奋地摇摆着身子,发出"啪啪"的声响。

当人们尽情品尝享用我的时候,是我最绚烂的时刻;当我那醉人的芳香弥漫着温馨的小屋,流泻到人们心田的时候,是我最幸福的时光。

我已从一颗咖啡豆换化成了最美妙天使!

(金海纳)

自从班级刮起童话创作之风,很多同学都加入到了创作童话的队伍中来。我总会利用一周一次的习作共享课来推介某些引人入胜的童话故事。一节课虽然不能介绍几位同学的作品,但我会向大家介绍他们创编的故事名称。这样,同学们对谁的作品感兴趣,他们课后会自发地聚到一起,互相阅读,互相交流创作经验。虽然他们的作品比较稚嫩,但他们持久的创作热情背后蓄养的是他们源源不断的对故事的热爱,对写作的热爱。而这份热爱,这份自信,是比什么都珍贵的。让人难以想象的是,班上几个文学爱好者,一学期下来居然写了二十几则故事。为了鼓励个体,影响全体,我和家长一起为这几位学生集结成册,由他们自己设计精美的封面,取个好听的书名。"文集"出炉后,这些作品就在班级传阅,有些还"走班漂流",引得不少同学争相写作,出版属于自己的文集。

　　"个人童话文集"让多数学生成了探索者、研究者,既保护了学生的言语自尊,又满足了学生自我实现的需要。

　　自我实现型写作抛却了功利性写作的浮躁,学生通过写作越发感觉到自身存在的价值。文字是他们自身潜能得以实现的载体,文章是他们自我价值得以实现的通途。他们慢慢地将写作当作表达情感、与人交际、心灵安顿的重要方式。

第三章

"需要性写作"的实践探索

一、小学阶段"需要性写作"目标、内容的整体架构

习作教学要契合学生的发展需求,习作目标必须最适切,应建基于他们的最近发展区,既符合他们的兴趣爱好、认知水准,又能有效达成国定课程下达的年段目标;习作内容必须最真我,应扎根他们生活的土壤,打通课堂内外,勾连家庭、学校、社会,消解学科界限,让他们认识到每个人自身也是独特的写作资源。只有生本化实施国定习作课程目标,才能开发出孩子们发展需要的习作教学内容。

(一)中年段"需要性写作"目标及内容架构

中年段写作课程总目标

乐于书面表达,增强习作的自信心;愿意与他人分享习作的快乐;观察周围世界,能不拘形式地写下自己的见闻、感受和想象,注意把自己觉得新奇有趣或印象最深、最受感动的内容写清楚;能用简短的书信、便条进行交流;学习修改习作中有明显错误的词句。根据表达的需要,正确使用冒号、引号等标点符号。

"需要性写作"目标细化

三年级:重点进行观察作文和想象作文的训练,即把自己在自然生活、家庭生活、学校生活中感受最深的一个场景写下来;掌握几种片段的基本形式,大胆写出感情真实,观察仔细,内容具体,条理比较清楚,语句

比较通顺的几段话或一件事;能根据连续的画面,编出具有生活气息的童话故事。能用简短的书信、便条进行交流;会写人物对话的多种形式,正确使用冒号、引号。

四年级:

继续落实"观察生活,实践体验"专项训练,达成场景描写生动有序,事情叙述具体,感受体验真挚;能对热门话题、生活现场发表自己的看法;会通过书信向别人介绍家乡的特色。

"需要性写作"内容架构

中年级习作目标重点聚焦"会观察、善想象"。如何有效达成"会观察"这一课程目标,我们可对教材习作内容进行结构化、序列化梳理,分阶段、逐层达成课程目标。

比如,可用"观察课程"来统整三、四年级的习作内容,将观察人物、观察动物、观察植物、观察图画等内容开发成观察系列课程,每种观察系列课程结合相应的习作内容、辅以相应的观察方法指导,滚雪球式的练习,学生势必形成较强的观察能力。

课程目标	课程系列	内容序列(螺旋目标)
按一定顺序观察,写下见闻、感受、想象。	观察人物	三上:给自己画张像。(外貌)
		三下:给别人画张像。(外貌+性格+爱好)
		四上:写写自己的长处和本领。(特点+事例)
		拓展巩固:写写熟悉的人的长处和本领。(特点+事例)
	观察画面	三上:仔细观察一幅画,写写图中的景物和动物。(所见;静态)
		三下1:仔细观察一组图画。(所见+所说;静态+动态)
		三下2:观察一组图画,写清楚一件完整的事。(所见+对话)
		三下3:写写日记。(所见+所闻+所想)
		拓展巩固:小组循环日记或周记。(所见+所闻+所想)

续表

课程目标	课程系列	内容序列(螺旋目标)
按一定顺序观察,写下见闻、感受、想象。	生活发现	三下1:把你在草丛、树林、池塘甚至泥土中的发现写下来。(所见)
		三下2:对生活中发生的事发表看法。(事件+看法)
		四上:写一个自己想设立的节日。(生活现象+创造性想象)
		四下:生活中的新发现。(发现问题+探究问题+解决问题)
		……

操作策略及注意点:

在具体的操作实践中,教者要遵循年段目标序列,通过引导学生观察所见所闻的训练,先把胆子写大,把思维写活,把兴趣写浓,把句子写顺,初步形成通过观察和想象产生作文材料的能力,以及大胆表达自己所见所闻和所思所感的习惯,初步掌握复句和片段的基本结构。

三、四年级属于作文的起始阶段,起步阶段要遵循模仿与放手并存,相辅相成的原则。不能给学生提过高的要求,要将作文与学生的生活体验结合起来,要让学生感受到作文的好玩、有趣,为他们提供更多的"做作文"的时间与空间,也就是让他们尽情地观察周围的人物、植物、动物,引导他们发现生活中新奇有趣的现象。该给出模仿路径的时候一定带着他们写,该放手时鼓励他们大胆地写。

(二)高年段"需要性写作"目标及内容架构

高年段写作课程总目标

懂得写作是为了自我表达和与人交流;养成留心观察周围事物的习惯,有意识地丰富自己的见闻,珍视个人的独特感受,积累习作素材;能写简单的记实作文和想象作文,内容具体,感情真实。能根据内容表达的需要,分段表述。学写读书笔记,学写常见应用文;修改自己的习作,并主动与他人交换修改,做到语句通顺,行款正确,书写规范、整洁。根据表达需要,正确使用常用的标点符号。

"需要性写作"目标细化

五年级:能根据需要搜集有效信息,学习从生活实际、学科学习、不完整的图画等媒介中凭借细致的观察和合理的想象搜集作文材料;学习用总起句、过渡句将文章各部分联结成统一整体;学习修改文章的步骤和方法,能自我修改和同伴互改;能具体明确地写清楚自己经历的事情,学会通过文字表达自己的真情实感。

六年级:进行选择材料能力和修改文章能力的专题训练,学习写作前确立中心、编拟作文提纲;学习根据外貌、神态、对话和动作等细节来描写人物特点,学会通过典型事例来表达人物突出特点;能写清调查报告的基本结构,学会通过书信表达对老师、亲人、朋友的真挚情感。

"需要性写作"内容架构

高年段的写人、记事、写景、抒情,发表感想,应用文写作都是中年段写作目标的巩固和延展,教学时,教者要牢固整体目标意识,以练能为价值坚守,开发科学有序、目标明确的教学内容。每次的习作内容要彰显年段特性,做到一课一得。以"写人类"文章为例,谈谈写人类文章的高段目标定位及写作内容建构。

课程目标	课程系列	内容序列(螺旋目标)
学习通过典型事例来反映人物的突出特点;在写事中通过细节描写来强化人物特点。	写人	五上:写印象深刻的一位老师。(一个特点+一件帮助教育自己的事)
		五下1:写身边的小能人。(一两个事例表现一个特点)
		五下2:写自己喜欢或崇拜的人。(用外貌、动作、语言、神态来表现人物特点+用具体事例来表现人物品质)
		六上:家乡名人。(突出特点+典型事例)

操作策略及注意点

通过留心观察和比较阅读,重点进行作文基本能力(审题、构思、选材、点题、细节描写、修改文章等能力）的训练,使学生作文能围绕中心选材和组材,做到内容具体,感情真实,语句通顺,行款正确,书写规范、整洁。

每次习作应有明确的训练目标,写作目标和评价目标要高度一致,不可泛泛而谈,目标不明。为了形成某一重点作文技能,可随机灵活地设计多样化的主题练习、变式练习。

厘清"需要性写作"的年段目标,架构起序列化的写作内容,目标清晰的写作课程才能有向实施。为凸显习作的交际功能,彰显作文是日常生活交流和情感表达的需要,习作内容要应时、应景,置于真实的情境需要之下。唯有从学生的生活世界、情感深处流淌出来的习作内容才能最大限度地激发学生参与的热情,无痕地达成"需要性写作"的前瞻目标;唯有找准学生的作文症结,设计问题解决型的专项习作训练,"需要性写作"才能助推学生习作生命的发展节律。

附:小学阶段"需要性写作"目标、内容的整体架构总表

写人课程系列

"需要性写作"年段目标	内容序列(螺旋目标)
三年级: 学习写清楚人物的外貌,关注人物的特长、性格、爱好。	三上1:《我的自画像》。(外貌+特长爱好) 三上2:总分结构段落专项训练。 三下1:《猜猜他(她)是谁》。(外貌+性格爱好) 三下2:人物对话专项训练(一)。
四年级: 学会选取典型事例表现人物特点;有意识地运用动作、神态来反映人物特点。	四上1:写自己的长处和本领。 (外貌+一两个典型事例) 四上2:人物动作、神态专项训练(一)。 四上3:写写同伴的长处(本领)。(典型事例+过渡段)
	四下1:人物对话专项训练(二)。 四下2:人物动作、神态专项训练(二)。

续表

"需要性写作"年段目标	内容序列(螺旋目标)
五年级：学习通过典型事例来反映人物的突出特点；在写事中通过细节描写来强化人物特点。	五上1：细节描写专项训练。（动作、语言、神态） 五上2：写印象深刻的一位老师。（一个特点＋一件帮助教育自己的事）
	五下1：写身边的小能人。（一两个事例表现一个特点）
	五下1：心理活动专项训练。 五下2：写自己喜欢或崇拜的人。（用外貌、动作、语言、神态、心理来表现人物特点＋用具体事例来表现人物品质）
	六上：家乡名人。（突出特点＋典型事例）

写事课程系列

"需要性写作"年段目标	内容序列(螺旋目标)
三年级：学会记录生活中的所见、所闻、所思、所感。	三上：学写作文。（写下做过的、看见的、听到的、想到的）
	三下1：比喻、拟人专项练习。 三下2：《我的发现》。（生活事件或发现＋看法） 三下3：班级广角镜。（每天一句话发布自己的发现＋一句话看法。每天5个同学交流＋随机抽1个同学） 三下4：学写日记。（记录一件事，写清楚所见所闻所想＋日记格式）
四年级：学会描写完整具体的生活场景，能表达自己的想法。	四上1：看图写故事。（观察多幅图，连成一个完整的故事） 四上2：场面描写专项训练（一）。（学习点面结合） 四上3：场面描写专项训练（二）。（巩固点面结合）
	四下1：《我的新发现》。（生活事件或发现＋资料验证＋评论） 四下2：《问题大家谈》。（确定一个问题＋与他人一起讨论＋写下讨论的过程结果）

续表

"需要性写作"年段目标	内容序列(螺旋目标)
五年级：能具体明确地写清一件事；学习通过细节描写来刻画真情实感；学习写作之前列提纲的方法。	五上1：《写一件亲身经历的事》。(写清事情的过程，流露真情实感) 五上2：学习编写提纲(段落式)。 五下1：《真情》(一两件典型事件)。 五下2：学习编写写作提纲(关键词式)。 五下3：事件中的细节专项练习。
六年级：继续学习、强化围绕中心选材的能力；在对典型事件的描述中学习渗透环境描写，突出人物心理活动的变化过程。	六上1：假期中感受最深的一次生活经历。(写出事件发展的"一波三折"，心理活动描写要真实、细腻。) 六上2：环境描写专项练习。 六上3：《对父母说"我爱你"》。(在事件中强化心理活动描写) 六下1：《童年趣事》。(围绕中心选择典型材料) 六下2：《老师不在的时候》。(中心+典型场景(事件)) 六下3：《记一次实验》。(实验过程+心理活动变化) 六下4：《成长的烦恼》。(典型事件+烦恼)

写景状物课程系列

"需要性写作"年段目标	内容序列(螺旋目标)
三年级：能按一定顺序写清一处景物(静景+动景)的特点	三上1：在一幅风景图中添加一两种小动物，然后按一定的顺序写下来。 三上2：秋景。(围绕中心句写出景物的特点+动静结合)。 三上3：文具自述。(第一人称+外形特点+功能) 三下1：专项练习。(拟人句；比喻句) 三下2：写一处静景。(中心句+拟人+比喻) 三下3：写一处动景。(中心句+拟人+比喻)
四年级：围绕中心句具体、生动、有序地写清某一物体的特点	四下1：××的自述。(写两个方面的特点，每一方面围绕中心句展开叙述) 四下2：写一种小动物。(外形特征+动作特点+承上启下句)

"需要性写作"年段目标	内容序列(螺旋目标)
五年级： 能按一定顺序写清楚某处景物的特点，做到详略有致、动静结合。	五上1：秋天的树叶。 (颜色+形状+感受) 五上2：我眼中的冬天。 (几个镜头表现一个特点)
	五下1：写活一种自然现象。 (静态特点+动态特点+连续的比喻、拟人) 五下2：参观记(游记)。 (移步换景+景物特点+详略得当)
六年级： 能在描摹一处景物时融入自己的想象。	六上1：介绍一种美食。(运用多种方法写清色香味形，独特感受) 六上2：剪纸作品。(据图意想象背后的故事)

想象课程系列

"需要性写作"年段目标	内容序列(螺旋目标)
三年级： 学会观察图意，在观察图意的基础上想象故事的起因、经过、结果。	三上1：假如……(仿照例文写，大胆想象) 三上2：摆玩具，编故事。(大胆地创编故事)
	三下1：看连贯图编故事。(看清图意) 三下2：看单图编故事。(看到的+想到的) 三下3：看图编有主题的童话。(看到的+想到的；故事要能揭示生活中的一种不良现象) 三下4：专项练习。 (根据人物的动作、神情，想象人物的对话。)
四年级： 在大胆想象的基础上，通过一个完整的故事揭示一个特点或科学原理(道理)。	四上1：我想设立的节日。(原因+过节场景) 四上2：创编卡通人物故事。 (特点+完整的故事)
	四下拓展：科学童话。 (完整的故事+科学原理)

续表

"需要性写作"年段目标	内容序列（螺旋目标）
五年级：发展"想象源于生活，高于生活"寄托人们美好情思的构思能力。	五上：看图续写故事。（观察图意，了解故事发展的起因；想象故事的经过和结果）
	五下：夜空遐想。（找到夜空意象与生活物象的相似点＋展开"既在情理之中，又出乎意料"的想象）

应用文课程系列

"需要性写作"年段目标	内容序列（螺旋目标）
三年级：能根据实际需要将提取有价值的信息通过多种形式呈现出来。	三上：《为动物设计名片》。（查找最想了解的动物资料，为小动物设计名片）；《研究诗句，写收获》。（研究诗句的出处、作者、意思）
	三下1：《端午我知道》。（有条理、有顺序、重点突出地介绍端午节的由来。黑板报、分享园、手抄报、作文等形式不限）
	三下2：按照"现象呈现——观点提炼——资料作证——发出倡议"的顺序对周围不良现象发表自己的看法。
四年级：学会运用不同的方式表达自己的想法	四上：《给远方的亲朋好友写一封信》。（介绍家乡的美丽景点和风俗人情）
	四下1：《建议书》。（生活中的热点问题、不良现象＋自己的想法＋建议）
	四下2：《读后感》。（由书中的内容引发感想＋联系生活谈感受）
五年级：学会与别人分享自己的所见所闻、所想	五上：《与家人说说心里话》。（用具体事例引出想要表达的心里话）
	五下：《学写新闻报道》。（学习新闻报道的基本结构）
六年级：学会按照一定的结构有理有据地表达自己的想法	六上：《介绍家乡的一种产品》。（观察＋询问＋查阅资料；有序整理）
	六下：《学写调查报告》。（话题＋调查＋统计图＋想法＋建议）

厘清了小学阶段习作的序列目标,能让我们更准确地定位每一年级、每一阶段,不同类型作文的不同写作目标。这最大的好处是,避免了以往"写作目标模糊","写作缺少清晰的年段界限",老师们实践操作中,知道什么时间该写什么样的作文,每次作文的练习目标是什么。教师有着清晰的习作目标,指导起来就有路径可循;学生清楚每一次的练习重点,他们在自我修改与相互修改中能充分彰显"我的作文我来改"良好态势。

如何将教师心中有序的写作教学目标与学生的发展需要有机融合?我们会将练习的视角置于学校的主题活动背景之中,与其他学科通力合作,合理分解习作教学目标;我们会与学生的自我成长节律无缝对接,为他们创设书写自我的情感场,在他们将自我当作写作资源之时,适度、无痕地介入一些写作技法的引领,他们的言语生命发展将"如虎添翼"。

二、小学生习作自信心养成的主要策略

关于"写作"的目标,《义务教育语文课程标准(2011版)》是这样定位写作教学的:第一学段定位于"写话",第二学段开始"习作",这是为了降低学生写作起始阶段的难度,重在培养学生的写作兴趣和自信心。学生只有拥有写作的自信,才能产生源源不断的写作动力。有了写作动力,学生的作文定能绽放出无限的精彩。

如何涵养学生的习作自信,笔者在习作教学中进行了一些探索。

(一)用好第一次

1. 第一次记事

三年级是学生学习写作的起步阶段,也是学生由低年级的写话向高年级写篇的过渡阶段。此阶段夯实学生写段的基础对其今后的组段成篇有着推波助澜的功效。学生初步接触作文,唤起学生的作文意识,激起学生的作文兴趣,让其轻轻松松地迈入作文的"门槛"又是极具艺术性的。它期待我们教师水到渠成地为学生创设一种自由、宽松的写作情境,让学生有话可说,有话想说。

笔者在实践中努力为学生创设一种可滋体验的生活空间,让其轻轻松

松地浸润到起步作文的无声状态之中,为他们的快乐表达提供了可能。下面拟结合两则案例,谈谈自己对如何提高学生起步作文功效的实践思考。

为使学生懂得作文就是用自己的笔记录自己的亲身经历,将自己在生活中看到的、听到的、想到的按一定顺序记录下来,让别人一看就明白。第一次的习作之前,我为学生创设了生活味、家庭味极浓的周末活动——利用周末,和父母一起参观果园(九月正是果实成熟的季节),活动结束后将自己的参观经过写在日记本上。

活动一:参观果园　提供的词语:果实累累　喜笑颜开

活动二:参观商场　提供的词语:琳琅满目　应接不暇

为丰富孩子们的活动内容,让孩子的活动充满情趣,我还给各位家长送去了友情提醒:

为使您的孩子轻轻松松学习写作文,懂得习作就是用自己的笔记录自己生活中的所见所闻所感,请您利用周末的某一时刻和孩子一起参观果园或商场,参观的过程中可为孩子描述与所提供的成语相关联的情景,教会孩子用生活中的景象来解释相关成语的意思。

周一,从学生反馈的日记来看,大部分学生能将自己参观的经过写清楚,并能将所提供的成语恰到好处地运用到自己的日记中,尤其让人可喜的是有几个学生还仿照《学会查"无字词典"》的写法将自己的参观经过具体、形象的记录下来。看得出这几个学生不仅用心体会了生活,还将从课文中习得的表达方式灵活地运用到了自己的作文中,真是大大出乎我的意料。要知道让他们学习仿写正是我此次活动的初衷所在。

这几个学生的出色表现让我看到了学生的巨大潜力,只要我们为他们提供一根"手杖",他们照样能有板有眼地作文写好。

基于以上思考,我和学生的首次作文之旅开始了,我要为孩子们送去一根学写作文的"魔杖"——仿照《学会查"无字词典"》中聪聪和爸爸去青岛旅游的经过,将自己和父母在参观过程中的所见所闻所感按一定的顺序说出来。

说是写的前提,只有说得顺畅才能写得洒脱。

学生在经过短暂的仿照课文练说过后,我鼓励学生走到讲台前,面对全班同学进行现场讲述。因为学生有了充分的生活体验做储备,所以当学生走上讲台进行"作文脱口秀"时显得镇定又从容。此时课堂上的我自然也就"隐身幕后",和其他同学一道静静聆听学生的"生活再现"。不过,当学生的思路受阻或用词不当或词不达意时,我会给学生送去"及时雨"——或点拨或引导其将词用准确,将意思表达清楚。在此过程中,我还会不失时机地为学生送去我在批阅他们日记时记录的妙词佳句。对于下面的同学自然不会失去现场学习的大好机会,他们时而侧耳倾听,时而在自己的日记本上做修改记录。

当我们师生在边说边修改的互动情境中思维畅通、语句流淌时,我将话锋一转:同学们,如果我们能将刚才讲述的参观果园或商场的经过认认真真地写到纸上就是一篇很好的习作了!听了我的动情讲解,学生的脸上露出了欣喜的神色。看得出,他们一定在感叹:原来作文就这么简单,作文也不难。

于是我因势利导:同学们,还等什么呢,就让我们拿起笔,尽情书写我们第一次作文的精彩吧!(在我和学生进行了简单的作文格式交流后,学生便用他们那一双双稚嫩的小手在纸上"沙沙"地写起来)

外婆的果园

秋姑娘来了,外婆的橘子园里结了许多又大又黄的橘子,把树枝的腰都压弯了。

突然,"啪!啪!啪!"传入耳朵,难道哪里放鞭炮啦?原来,是三个金灿灿的大橘子掉到了外婆早已准备好的篮子里。

妈妈突然问:"你知道'硕果累累'是什么意思吗?"

"知道,当然知道!就是有很多很多的果实。"我像背书似的说。

妈妈笑了笑说:"你这是背词典上的解释。你看,树上挂满了黄澄澄的橘子,它们就像一盏盏小灯笼。这样的情景像不像'硕果累累'?"

"太像了！太像了！"我高兴得大叫起来。

妈妈说："看来生活中不仅要会查有字词典,还要学会查'无字词典'哪！"

（司马）

2. 第一次观察

《义务教育语文课程标准(2011版)》在"习作学段目标与内容"板块是这样描述的。第二学段:观察周围世界,能不拘形式地写下自己的见闻、感受和想象,注意把自己觉得新奇有趣或印象最深、最受感动的内容写清楚。

第三学段:养成留心观察周围事物的习惯,有意识地丰富自己的见闻,珍视个人的独特感受,积累习作素材。

第四学段:多角度观察生活,发现生活的丰富多彩,能抓住事物的特征,有自己的感受和认识,表达力求有创意。

在"关于写作教学的实施建议"板块是这样写的:在写作教学中,应注重培养学生观察、思考、表达和创造的能力。要求学生说真话、实话、心里话,不说假话、空话、套话,并且抵制抄袭行为。

从写作教学的目标、内容到实施建议,无一例外地将培养学生的观察能力放在重中之重的位置,可见观察之于作文的重要意义,观察能力之于作文能力的重要价值。再者,我们要求学生用笔写下自己的所见、所闻、所思、所感,居于基础地位、先决条件的是什么？观察。

编者在编制教材时,始终将"培养学生良好的观察能力"作为习作课程的主要目标,当我们梳理三、四年级的教材时,发现绝大多数习作内容都与"观察"有关,即使是一些童话故事的编写都是以"观察"为前提的。观察能力的培养对于学生作文能力的培养具有如此重大的作用,我们在习作教学中理应设计好每一次的习作"观察课程"。

(1) 学习观察图画

多元化的生活实践为学生多元化的情感体验注入了活水。而多元化的情感体验又为学生多元化的自由表达提供了可能。对于刚迈入习作门槛的学生来说，要让其进入有话可说、有话想说的情思流淌状态，除了要求我们经常性地为他们创设一些实践体验的生活平台为其蓄能外，还应不失时机地唤醒其沉睡的生活体验。只有当我们激活了学生的思维之泉，他们的情感表达才会源源不断。

指导学生看懂图画内容是培养学生观察力、思维力的有效途径，而教会他们将画面所呈现的信息按一定顺序介绍出来则是发展他们思维序列化的重要方法。规范有序的观察方法同样也是他们以后写人、记事、写景、状物的行为准则。

在指导学生学习练习一中"你能想出哪些词语来描述图中的情景"时，我是这样引导学生展开学习活动的——

读图看图，你想到了哪些与画面内容相关联的词语？学生通过短暂的看图之后，说出了夏日炎炎、绿树成荫、清澈见底、大汗淋漓等词。这一学习活动在大家边看图边补充的积极互动中进展得很顺利。从此题的目标达成来看，大多数学生已经完成了"充分调动自己的语言积累"这一学习任务。但很明显学生的看图是无序的，是"看到哪里说到哪里"式的无序表达。此时我进一步引导学生"按一定顺序"说说你想到了哪些词语？每一处景物你想到了哪些不同的词语？当我和学生置身于"同时观察，互相启发"的情境渲染中时，课上的每一位学生好像都独具了一双慧眼，他们能读懂静止画面背后灵动的场景，能将一个个富有情趣的活动外化成一个个鲜活可感的词语。根据学生的回答，我对学生想到的词语进行了归类板书：

太阳：烈日当空　骄阳似火　夏日炎炎　暑气逼人
天空：一碧如洗　湛蓝湛蓝　几缕流云
树林：连绵起伏　绿树成荫　层层叠叠　千山一碧
草地：绿草如茵　草色青青　草长莺飞　翠色欲滴
岸边：杨柳依依　杨柳吐翠　柳枝鸣蝉　蝉声阵阵

河水：清澈见底　微波泛起　波光粼粼　水平如镜
鱼儿：自由自在　悠然自得　成群结队　三五成群
　　　你来我往　活蹦乱跳　好不自在
男孩：聚精会神　全神贯注　目不转睛　大汗淋漓
　　　汗流浃背　如获至宝　一蹦三尺高　兴高采烈
　　　满载而归　依依不舍

可以想象，当我将学生的观察所得分门别类、罗列于黑板上时，映入学生眼帘、注入学生脑际的已不仅仅是一组组具有特定意思的被抽象了的语言符号，而是一幅意思连贯、情景交融、妙趣横生的"夏日垂钓图"。

当学生如临其境、情味盎然地想起那一个个富有灵性的词语时，我已意识到学生已不知不觉进入画面的情境。学生既然已经"情动于衷"，我当然应该给他们语言思维一个"驰骋于外"的空间。

于是我以"好故事，大家共分享"为主题鼓励每位学生将画面描绘的内容编成一个个自己最满意的故事。当我了解到大多数学生有过和家人一道钓鱼的经历时，我清醒地意识到学生有着较真实的生活基础，但考虑到一部分学生缺少这样的经历，抑或即便拥有这样的经历也很少有丰富的情感体验。我有意识地为他们创设了一个"角色体验"的环节：同学们，下面就让我们进入画面，变成图中的男孩，去体验钓鱼的滋味吧！

紧接着，我让学生结合自己的亲身经历，谈谈钓鱼过程中可能遇到的事情。学生通过对生活的再现，说道：钓鱼不一定都有收获，有可能半天都钓不到一条鱼；在钓鱼中空欢喜也是常有的事……显然，大家的猜想都符合生活常理。那要想使钓鱼的过程充满趣味，我们可以怎样安排故事情节呢？

——钓鱼的步骤要写具体，要将钓鱼过程中人物的神情变化写清楚；
——可安排非常迫切地想钓到鱼，鱼浮一有动静就提竿，结果一场空；
——有的鱼儿很精明，可能会将鱼饵吃光了，然后逃之夭夭。

学生对钓鱼情节的设计真是充满变化。情节的一波三折，既出乎意料又在情理之中。这都得益于学生真实的生活体验、合理的角色体验。

最后，我让同学们四人一小组对照板书，按照一定顺序，尽量用上黑板上的词语进行创编这幅图画故事。小组练说的过程中我鼓励大家互相修正用词的准确性、语句的流畅性、情节的合理性。在进行全班交流时，我则充当了现场点评的角色，对学生的故事从整体布局、遣词造句等方面作适时适度地点拨、引领。

（附精彩片段：

——在一个烈日当空的日子里，小明来到郊外的河边准备钓鱼。他抬头远望，只见远处漫山遍野的树木郁郁葱葱，层层叠叠，犹如一座连绵起伏的高山耸立在地平线上。

——只见那河水清澈见底，水平如镜的水面在太阳的映照下波光粼粼。岸边杨柳依依，那倒垂的柳条就像少女飘逸的秀发一样柔美。柳树上不时响起阵阵蝉叫声，那声音婉转、优美，就像音乐家在演奏一支舒缓恬静的乐曲。

——这时，柳树上蝉声阵阵，声音清脆、悦耳，小军烦躁的心也渐渐平静下来了。他耐心地等待浮标的动静。没过一会儿，浮标动了，小军急忙把鱼竿一提，结果鱼钩上空空如也。小军觉得是鱼饵穿插的方法不对，让鱼儿有了可乘之机。小军想：赏赐鱼儿是横着穿的，这次我竖着试试。嘿，真神了，没过多久，鱼浮开始下沉了，小军瞅准时机，把鱼竿迅速往上一提，一条活蹦乱跳的鱼上钩了。小军喜出望外地将自己的"战利品"放入篓中。）

学生在以上学习活动中不仅充分调动了生活储备，激活了情感体验，还扎实地落实了语言表达的有序化训练；教师在设计以上教学活动时，也不是单纯地教教材上的内容，按部就班地落实教参的教学目标，而是充分利用教材这一"例子"功能，挖掘其潜在的课程资源，在统整、开发、创新课程潜在资源的过程中全面提升了学生的语文素养，促进了自身教学素养的专业化发展。

（2）学习观察空间

（按顺序观察庭院和"请到我家来做客"案例）

按一定方位顺序介绍一处建筑属于应用类写作，因其不是考试题型，基本被一线老师忽视。如果用交际理论来审视这一写作知识点，理应得到我们的重视，因为这关乎学生的未来实用写作能力的涵养。其实，从教材编者的编写意图来看，这一写作训练点在中年段教材中是分散在课后习题和练习中的"语文与生活"这一板块的。到了高年级，则有明确的"游记"这一写作内容。如何巧妙化解写作难点，还应用文写作应有的地位，为以后的游记写作作准备呢？

以四上《天安门广场》教学为例：

师：天安门广场上有哪些重要的建筑呢？

生：有升旗台、人民英雄纪念碑、毛主席纪念堂、人民大会堂。

师：你是怎么知道的？

生：我去过的。

生：我是从文中了解到的。

师：听了刚才两位同学的介绍，这些建筑在天安门广场上的具体位置清楚了吗？怎样介绍能让没去过天安门广场的人也能知道天安门广场上各个方位的具体建筑呢？

生：用上一些表示方位的词。

在学生清楚平面图"上北下南、左西右东"的绘制顺序，能根据课文二三节还原一幅平面图之后，我引导学生将我们校园庭院里的主要建筑绘制出来。学生很快能调动出刚刚从课文里学到的"平面图的方向、方位词、观察点的选择"等相关知识，当他们个个都掌握了绘制平面图的建筑图谱之后，我们一起进入了学写"解说词"的环节，练习重点为：模仿课文二三节按方位介绍天安门广场上各处建筑的方法为我们绘制的庭院平面图配上一段文字。

"需要性写作"实践论 >>>

  从西门进入庭院,一眼就能看到栩栩如生的史良雕像,耸立在美丽的庭院里。雕像背面,雕刻着史良的简介和史良为我们学校题写的"春光明媚,桃李芬芳"。雕像四周绿树成荫,花草丛生。在庭院的四个角落有被花草掩盖着的四大发明雕塑——火药、指南针、造纸术和印刷术。庭院的最东边是综合楼,综合楼的右上方镌刻着我们的校训:精勤。这两个金光闪闪的大字时刻提醒我们奋发努力、精益求精。综合楼的一楼是图书馆,沿着图书馆外走道的是一条南北走向的书香长廊,那里书香弥漫,是同学们徜徉书海的好地方。当书香长廊上面的紫藤爬满水泥架时,同学们就可以沐浴着紫藤的清香和斑驳的光晕了。庭院南北两侧的务实楼与求真楼遥相呼应。

(蒋来)

  从大门进入庭院,一眼就看到壮丽的史良雕像直立在庭院中。1982年7月16日,史良为实小题词:春光明媚,桃李芬芳。这8个大字在雕像后醒目极了。站在庭院,最南端是3号创新楼,创新楼在学校中是必不可少的。同学们要上美术、音乐等术课,都得到那儿去呢。庭院的北南两侧则是1号求真楼和2号务实楼,因为大多数教室都在这两栋楼,所以这两栋楼经常会有人通过。庭院的四个角落是中国古代的四大发明雕塑,有些雕塑已经被郁郁葱葱的花木丛掩盖住,都差不多看不到了。史良雕像的背后是南北走向的书香长廊,里面都是同学们提供的书,大家可以自由阅读。庭院的最东边是高大的综合楼,所有科学教室都在综合楼5楼。综合楼正面的右上角还有两个金光闪闪的大字:精勤。这可是我们学校的校训呢!综合楼1楼是宽敞明亮的图书馆,里面的书可要比书香长廊里的书要多得多呢!

(姚紫陌)

  为巩固学生用方位词有序介绍陈设的知识,我们又开展了"请到我家来"的交际活动:设计一张从学校到家里的平面图,配上一段文字说明,讲清楚具体的走法。

从结果来看,学生都能达成此次的段落训练目标——

走出校门,往左拐,走到头,便到了青果巷,向右转,经过有许多"补丁"的西瀛里大马路,到进入西直街的第一个红绿灯再左转,就进入了怀德路,下面有两种走法哦!

第一种走法是在怀德路的第一个十字路口左转,进入西河沿,再在路口右转,进入后马路,就可以看见河景花园啦!第二种走法是在怀德路的第一个红绿灯左转,进入劳动西路,并在十字路口再左转,进入后马路,也可以到河景花园哦!

(司马)

出校门沿茭蒲巷往南走,约200米就到了十字路口,再向西走212米,经过青果巷,然后向南走,我们就已经进入了公园路。沿着公园路向南一直直行,约200米就到了我家——吴家场公寓。我住在13幢乙单元401室,欢迎来到我家做客哦!

(贺铃霖)

图解依循从图到文的写作流程,构图既是打腹稿的过程,又是学生将意思有序表达的实践转化。有了清晰的路线图,再来为路线图配上一段行走说明,他们自然能有条不紊,表达清楚。学生在中年段具备方位表达的基本能力,是对高年段写游记类作文的前期铺垫和难点分解。

(3)学会观察植物

每个人从出生那刻起,就在观察周围的一花一草,一事一物。可以说,观察是伴随一个人生活全部的,它与人的生活相生相随。而学生开始正式学习写作是从三年级才开始,他们接触到的第一篇与观察植物有关的课文是金波先生的《做一片美的叶子》。

课文开篇是这样的:

远远望去,那棵大树很美。

树像一朵绿色的云,从大地上升起。

我向大树走去。

走近树的时候,我发现,枝头的每一片叶子都很美。每一片叶子形态各异——你找不到两片相同的叶子。

对于这样一篇优美的、观察有序的经典作品,如果从写作的角度来看,第一次的观察植物、描写植物的目标如何来确定?我的想法是:既不能太深,让他们有畏难情绪,又要为他们找到一根可以借鉴的"拐杖"显得尤为重要。于是,有了下列写作目标:能按照由远到近的顺序写;能用上比喻、拟人等修辞手法来描写树的形状、树叶的颜色与形态。请看教学现场——

师:上周我们学习了《做一片美的叶子》,还记得叶子美在哪些方面吗?整体美(颜色美)、形态美。金波爷爷是用怎样的语言将这种美描写出来的呢?

出示句子——

树像一朵绿色的云,从大地上升起。

枝头的每一片叶子都很美。每一片叶子形态各异——你找不到两片相同的叶子。

师:我们从课外书上读到了很多描写树木的句子,谁能美美地介绍给大家,让我们的眼前出现一棵棵美的树木。

指名交流。简要说说美在哪里?相机渗透拟人、比喻的写法。

师:老师也为大家带来了一些美的句子,一起来欣赏。

出示句子——

榕树正在茂盛的时期,好像把它的全部生命力展示给我们看。那么多的绿叶,一簇堆在另一簇上面,不留一点缝隙。那翠绿的颜色,明亮地照耀着我们的眼睛,似乎每一片绿叶上都有一个新的生命在颤动。

山坡上,大路边,村子口,榛(zhēn)树的叶子全都红了,红得像一团团火,把人们的心也给燃烧起来了。

(指名读,齐读)

师:为了让我们欣赏到更多描写树木的句子,请每个同学将你找到的句子读给组员听听,互相学习。

师：你看，只要我们多读好书，就能吸收美的语言，平时一定要多读好书。

星期天，我们认真观察了一种树木的颜色和形状，说说你观察的树是什么？

师：愿意像金波爷爷那样写一写你观察的树木吗？

可以按照怎样的顺序来写呢？

师：金波爷爷在书中是按怎样的顺序写的呢？

出示书上的句子。

远远望去，那棵大树很美。

树像一朵绿色的云，从大地上升起。

我向大树走去。

走近树的时候，我发现枝头的每一片叶子都很美。每一片叶子形态各异——你找不到两片相同的叶子。

师：有信心比金波爷爷写得更美吗？

学生写片段。

师：谁来展示一下自己写的段落。

师：想赛过金波爷爷吗？我们可以多写几句拟人句，或比喻句。比如说——

出示——

远远望去，那棵大树很美。

树像_____，还像_____。

附学生片段：

美丽的枫树

远远望去，枫树林像一座燃烧着的火山，马上就要喷发了！

我向大树走去。

走近树的时候，我发现，枝头的每一片叶子都很美，每一片叶子都像红色的小手掌,几乎都一样。但你找不到两片相同的叶子。

大树把无数片叶子结为一个整体。

无数片枫叶做着相同的工作,把阳光变成生命的乳汁奉献给大树。

每一棵大树都很美,每一片叶子都很美。

我爱美丽的枫树!

(可悦)

枣 树

金秋到了,枣树在秋风中悄悄地把自己的全身染黄了,青绿色的果实也渐渐变得红艳艳的!

远远望去那棵枣树并不挺拔,弯曲的树干上有密密麻麻的皱纹,就像老人那饱经风霜的脸。

小椭圆形的树叶有的光滑嫩绿,有的金光灿灿,一阵微风吹来,树叶沙沙地响,好像在说:"美丽的秋天,你好啊。"

树上的枣子一串串的,像一个个小灯笼。我走近一瞧,有的红似玛瑙,有的绿如碧玉,在阳光照耀下,特别美丽!

在这美丽的金秋,我认识了这棵小枣树,我祝愿它每年都能枝繁叶茂,果实累累!

银杏叶

星期三,我走进校园,看见金黄色的银杏叶铺成了一条金灿灿的地毯,美丽极了!这时,调皮的风弟弟打了一个喷嚏,顿时掀起了一阵大风,树上的银杏叶像受了惊的蝴蝶急切地舞动翅膀飞下来。我被这美景迷住了,过了好大一会儿,才缓过神来。

突然,一只冒冒失失的"小蝴蝶"落在我书包上,我连忙把它保存起来,夹在书里做书签。啊!这一切都是那么的美!

向日葵

今天我和妈妈去圩墩公园看向日葵,向日葵又名向阳花。

刚进入公园,我一眼就看见了一小片向日葵,远远看去,一个个向日葵像许多个小太阳挂在绿色的小树上。于是,我和妈妈就大步向向日葵走去。

走到向日葵前,我就不那么开心了:向日葵很小,是观赏的,而且因为前几天下了雨,向日葵都耷拉下来了。不过,我还是仔细观察了一下,向日葵里有一粒一粒的瓜子。它的外面有三角状的花瓣,像一只狮子。

今天,虽然看到了许多好的东西,但没看到大向日葵,我觉得还是白跑了一趟。

合 欢

合欢有着羽毛似的叶子,远看就像一只蜈蚣。

我向大树走去,近看他绿得发紫。叶子纷纷飘落的姿态真美,有时像一只蝴蝶在翩翩飞舞,有时像一位舞者在跳舞。真是美丽极了。

(4)学会观察动物

初次学写小动物的观察日记,为激发学生观察的热情,满足不同学生的观察习惯和观察需求,在记录观察所得时,可灵活运用多种形式记录观察所得,比如:文字式、图片式、表格式、日记式等。但不论采用哪种形式,都应让学生确立明确的观察目标,比如外形特征、吃相、睡觉的姿态、玩耍等等。只有明晰观察目标,他们才能有的放矢,才能养成有序观察的良好品质。这,是学生关键的观察思维品质。

有了第一手资料,只要介绍清楚每一方面的特点,并围绕相应特点将自己的观察资料进行重新整理,就达成了第一次观察小动物的习作要求了。当他们感觉小动物在他们的笔下是如此好玩时,他们也就喜欢上了这样的观察活动。

鹦 鹉

鹦鹉非常可爱,它的颜色非常鲜艳。头上的羽毛像天蓝色的帽子,背上的羽毛像海蓝色的外衣,绣着一些红色波浪形的花纹。腹部的羽毛像白色的衬衫,绣满了海蓝色的花纹,鹦鹉还会自己梳理羽毛呢!它用嘴巴理好羽毛之后,羽毛的颜色就更加鲜艳了。

鹦鹉的习性很奇特,它喜欢跳到那个会动的圆环上,两只黄色的小爪子紧紧地抓住圆环以保证它不掉下来,抓紧了以后,它就像荡秋千一样荡着玩,等块掉下来的时候,它张开双翅像一个跳伞员一样跳下来,之后,它又重新跳上去玩,不知疲倦的玩个不停,好可爱呀!

鹦鹉的叫声非常清脆。它的叫声就像小水滴滴落到盆里的那样清脆,它是这样叫的:"啾啾叽叽,啾啾叽叽"非常的悦耳。

鹦 鹉(叙述式)

瞧这两只鹦鹉,一只是黄色的,一只是蓝色的。它们的颜色光彩照人,别提有多漂亮,多可爱了。它们各有一对晶莹透亮的小眼睛,恰似是镶上去了一对黑珍珠。它们有一张弯弯的鹦钩嘴,啄起东西来非常灵活。如果你要惹怒了它,它就会趁你不注意的时候,狠狠地啄你一口,甭提有多凶了。小鹦鹉的鼻子鼓鼓的,好像顶着两个圆溜溜的小肉球。你可别小看它们的鼻子,通过它们鼻子的颜色,可以分辨出它们的雌雄呢!

它们吃起东西来,可有趣了!头扎进杯子里,像是在给小主人请安呢!它们吃饱了,喝足了,就站在横杆上仔细地梳理着自己的羽毛。有时还会接吻呢!高兴时,它会上蹿下跳。而伤心的时候,就会躲在一旁,任凭你怎么逗它,它都不会理会你,看来这鹦鹉也有点儿情绪嘛!小家伙睡觉时更有趣了,看哪,它们蹲在横杆上睡着了,两只小爪子紧紧地抓住横杆,头低沉着,眼睛轻轻地闭上,进入了甜美的梦乡。

猎 豹(自我介绍式)

我可是大名鼎鼎的短跑冠军?猎豹。我身体苗条,体重约 50 千克,所以动作敏捷。我总是身穿一件布满黑斑的黄皮大衣,光滑的皮毛,更令我风度翩翩,且与长颈鹿和斑马并称为动物世界的"三王子"。

我目光锐利,四肢强健,以捕猎羚羊和野兔为生。在捕猎时,我可不是在猎物后面傻追,常常采用迂回和包抄战术。我动作迅速是出了名的,只要是在我前后50米的猎物是绝对跑不了的。我的爆发力极强,"起跑"到"冲刺"只需两秒,我最快的时速能达110千米。

不过,我也有弱点,由于个头不大,爪子不够尖锐,很少能捕到体重超过我自己的大型猎物。

两只绿毛乌龟(日记式)

7月29日　　　星期日　　　晴

昨天,爸爸从乡下奶奶家给我带回来两只乌龟,一只大的一只小的,它们的背上长着细细长长的绿毛,爸爸说这是两只绿毛乌龟。我如获至宝,立刻把它们养在玻璃缸里,一有空就趴在旁边看。两只乌龟游泳时,悲伤的绿毛在水中飘舞,当它们停下来休息的时候,毛就像一团绿色的丝绒,很漂亮。

这两只绿毛乌龟吃东西时可有趣了。一次,我拿了一块精肉喂小乌龟,希望它能快点长大,赶上大乌龟。可大乌龟急忙爬过来,叼着肉就想跑。我赶紧按住它,不让它动。小乌龟便冲上来,夺走了那块肉,躲到一旁的角落里津津有味地大吃。我情不自禁地说:"你真棒!"

绿毛乌龟不仅吃东西有趣,还是游泳高手呢!傍晚我将它们放在水池里,让它们进行游泳比赛。只见它们伸出四条小腿,非常卖力地划着,时不时还探出小脑袋到水面上呼吸一下新鲜空气。结果,小乌龟得了第一。我给它吃了一小块肉作为奖赏。大乌龟好像不高兴了,一双小眼睛瞪着我,仿佛在怪我偏心。

我真喜欢这两只绿毛乌龟,因为它们给我带来了无穷的快乐。

(5)学会观察人物

学生接触到的第一篇写人作文是《我的自画像》。要求是先对着镜子将自己的相貌用笔画下来,然后有条理地写清楚自己的身材、长相、表情、性格和爱好。此次习作,重点是"相貌特点",难点是"有序"。为了避免学生说假话、空话,我要求学生将自己当作画家,长怎样就画怎样,画的怎样就写的怎样。如何渗透"细致观察""写真实所见"这些思想?在习作欣赏环节,我们的目标是:她画的与写的是否一致?哪些最相像?哪些出入较大,可以怎么修改?

附:学生习作

今天,我画了一张自画像。

你们瞧,我瘦瘦的,笑眯眯的,可爱吗?

爸爸妈妈老嫌我长得太瘦,所以他们给我取了个绰号——"寿司",也就是瘦瘦的司马可悦。每当他们叫我绰号时,我总会自豪地对他们说:"可别小看我瘦,胳膊上可全是肌肉,别忘啦,我可在省游泳比赛中获得过大奖呢!"

我今年9岁,身高1.4米左右,体重约25公斤。平时喜欢扎两条马尾辫,大家都夸我长得漂亮。

我的兴趣爱好可多了,游泳、古筝、写字等。我喜欢穿亮色的衣服,因为这样看起来亮丽。我还特别爱看书,我家书架上的书可多了。

你们想和我做朋友吗?

为了巩固学生初次学写人物的方法,我在班内开展"猜猜他(是)谁"活动,要求学生用写清楚班上最要好的一个伙伴的外貌、着装,简要写写他(或)的兴趣爱好、优缺点。因为学生喜欢此类趣味性、精彩类的活动,他们迫不及待地想为大家出谜面,所以他们写起来兴味盎然。

请看——

今天,我给大家介绍一下我的一个好朋友。

她鸭蛋形的脸上嵌着一双炯炯有神的眼睛,总是透着一丝无忧无虑的光芒。黑珍珠似的眼睛下面长着一个小鼻子。她那粉嘟嘟的嘴巴可会说了,说起话来,滔滔不绝。如果你不让她停下来,她绝对可以一直讲下去。她经常扎着一个马尾巴,走起路来,一摇一摆的,超级可爱。

她又许多特长、爱好,比如古筝、看书、跳舞……就拿跳舞来说吧,她的舞姿可优美了,她还参加过学校的舞蹈达人秀呢。

她不仅学习好,还是老师的好帮手。老师不在班级,她还带领我们一起学习呢。猜出她是谁了吗?她就是——贺铃霖。

3. 第一次学写日记

日记式习作指导是指教师引导学生仔细观察周围的人、事、景、物等,将所见所闻、所思所感,以日记固有的格式加以表达,逐步使学生养成留心观察、勤于思考、主动练笔的良好习惯。下面,我以"日记式习作指导课型"为例,谈谈对这一课型研究的几点认识。

"日记式习作指导课型"的价值追求

日记的内容包罗万象,大到国家大事,小到身边琐事,从真善美、假恶丑到喜怒哀乐、酸甜苦辣,只要能进入我们的感官、心有所动,都可以信手拈来;日记的方式自由、灵活,没有时空限制,较其他形式的习作教学更开放,更贴近生活,更易发展学生的书面语言表达能力。通过对"日记式习作指导课型"的研究,我们试图实现三方面的育人目标:一是培养学生练就一双留心生活的慧眼,具有善于主动发现身边事物的意识,学会愉快地观察生活、体验生活、感受生活,最终帮助学生积累丰富的习作素材。二是通过写日记,学生逐步学会用思索的眼光去分析、判断事物,长此以往,他们的观察感受能力、阅读理解能力都会得到较大提高。三是日记能真实的反映现实生活,写日记有利于学生明辨是非、完善人格,不断地改变自我、超越自我。四是写日记能磨炼人的毅力,让学生找到自身言语存在的价值。

"日记式习作指导课型"的教学内容

写日记是引发学生习作兴趣的一种极好的练笔方式。苏教版在三年级下学期"习作7"中明确指出:请你回忆一天的所见所闻、所做所想,选择一件最有意思的事,仿照例文写一篇日记。而在四年级下学期,"坚持写日记"就在开篇中作为良好的学习习惯具体提出。在高年段就没有再将"写日记"作为单独的内容提出。可见,通过中年级学习写日记、坚持写日记,写日记应该成为学生重要的学习习惯,它理应贯穿学生日后的学习旅程,写日记对学生习作素材的积累、习作水平的提高、精神生命的成长有着举足轻重的奠基作用。

"日记式习作指导课型"的过程结构

以三年级下学期习作7《写一篇日记》为例,阐述这一课型的一般流程:

(1)唤醒生活,明确日记价值

(以校运动为背景,引导学生学写日记)

以学生亲力亲为的学校生活为背景指导学生学习写日记能激起所有学生的情感参与度,引导学生对最有意思的事情进行回忆,不着痕迹地使其意识到发生在身边的事情或有趣的活动场景就是鲜活的习作素材,巧妙地渗透"生活即习作"意识。生活的精彩、多彩的童年如何与更多的人分享?怎样留住成长中的趣事、乐事,留住难忘的经历,留住精彩童年?"日记"就是一种简易、快捷的方式。当学生明确了写日记的价值与意义,他们便将写日记当成一种习惯方式、一种学习方式、一种生活方式。

（2）回忆素材，定格日记材料

符合习作要求的材料会有很多，而选取最令自己动情和难忘的内容作为此次习作的内容则显得尤为重要。有些事，有些场景是使自己怦然心动、不吐不快的，这样的内容是最能激起学生情感冲动的。而对于刚接触写日记的学生来说，他们可能在活动中表现得很精彩，但如果要他们将刚刚发生的事作为日记内容可能会不知从何下笔。此时，再次唤起他们的精彩瞬间，让他们经历选择材料的过程是必不可少的。如将他们两天的精彩活动以PPT方式浮现眼前，学生看着看着可能就情意共生了。这种还原生活、以情激情的方式有助于他们确定最有话说、有话要说的习作材料。

（3）下笔成文，抒写真情实感

内容确定、情感激活后，让他们自主发现日记的格式是非常重要的。出示例文，让他们在阅读内容、发现日记格式中明确日记的格式，从而模仿日记的格式写下自己最感兴趣、最有意思的日记。

（4）修改完善，分享你我精彩

日记写好后，可重点引导学生检查自己的格式是否正确。对于优秀的日记，教师可在班级当众朗读，边读边讲解日记的亮点是什么，并根据内容提出具体的修改意见；对学生日记的评价要以表扬为主，只要他们的日记中有饱含深情、能激起大家情感共鸣的词句都应不吝褒奖，让学生充分享受习作的成功体验；同伴互评互改有利于让所有学生都参与到分享习作、修改习作、完善习作中来；定稿后的习作要想法设法"发表"（全班朗读、张贴分享园、上传校园网、向报纸杂志投稿等），让学生品尝成功乐趣，获得言语自信。

"日记式习作指导课型"的教学建议

1. 日记只要写得真实、明白、通顺就行，字数多少，由记述的内容而定

2. 日记的选材自由，只要是自己的所见所闻所思所感即可。

3. 对学生的日记不能放任自流，避免为日记而日记。评价要及时跟进，不可敷衍了事地为学生的日记打个分数就算完事。唯有及时的总结，

恰如其分的评价才能激发学生写日记的激情。

4. 要从学生的日记中触摸其写日记的态度、情感，明确学生的日记是否真实地记载了事件，是否真切地抒发了自己的情感。

5. 刚开始练笔时，能面批的尽量当面批改，不能面批的务必要通过批语与学生交流，将日记在内容、语言表达、思想等方面存在的问题及时反馈给学生，让他们了解自己日记的不足，争取在下次日记中改进。

6. 评价学生的日记要宽容，只要有闪光点都应得到肯定，要尽可能地为优秀日记寻找读者（如全班朗读、推荐发表等），让他们品尝成功感，养成积极主动写日记的习惯。

附：教学设计

学写日记

习作内容：

日记，就是记下一天中发生在自己周围的事，也可以记下自己在某一方面的收获、体会。日记只要写得真实、明白、通顺就行。字数多少，由记述的内容而定。日记的第一行要写上某月某日、星期几以及天气情况，然后再写正文。日记一般不加标题。回忆一天的所见所闻、所想所做，选择一件最有意思的事，仿照例文写一篇日记。

习作目标：

1. 了解日记的格式、内容及写日记的好处。

2. 根据自己一天的所见所闻、所做所想，仿照例文选择一件有意思的事写成日记。

3. 激发学生写日记的兴趣，初步养成坚持写日记的习惯。

习作流程：

一、谈话导入，唤起回忆

1. 谈话：同学们，我们进行了两天的运动会，相信大家对运动会上的精彩场景一定历历在目。现在，请大家回忆一下，运动会让你最难忘的是什么？

学生回忆，全班交流。

2. 引出本次课题。

一提到运动会,大家都兴奋不已。运动会每年一次,它记录着我们成长的点点滴滴。我们每位同学都积极参加运动会,运动会留下了我们顽强拼搏的身影,成功时的欢呼、失败时的互相安慰仿佛还环绕着我们。可是,过了多少年之后,我们可能就把这件有意思的事给忘了,记不清了,那多可惜呀!有什么好办法记住这些难忘经历呢?通过日记记录下来。

这节课,我们就一起来学学写日记。

二、梳理素材,确定材料。

1. 过渡:运动会中有很多让人记忆深刻的事情,是不是所有的事情都要写出来呢?这就要求我们学会选择材料,选取最精彩、最想写的内容来写。

2. 精彩回眸。播放录制好的学生运动场上富有代表性的录像资料,引导学生从中搜集习作素材。

3. 学生交流自己认为最有意思的事情。

4. 小结:看了刚才的录像,有些同学久久沉浸在兴奋与喜悦之中,看来这些事情勾起你们情感的涟漪了;也许有的同学会说,我的一天也是这样度过的。是啊,其实在我们身边每天都有故事在发生,它们有的让我们难忘,有的激荡着我们的心灵,有的让我们联想翩翩。只要我们处处留心,事事留心,我们一定能写出有意思的日记。

三、学习例文,明确要求。

1. 读例文,明要求。轻声读例文,说说日记的格式是怎样的?本次习作向我们提出了哪些要求?谈谈各自的理解。

2. 交流提炼。

四、快速行文,表达真情。

1. 学生按日记的格式确定自己认为最有意思的事情作为习作材料,自主写作,一气呵成。

2. 教师巡视指导,发现优秀习作或精彩片段及时表扬。

五、修改完善,分享精彩。

1. 自我欣赏,同伴交流

①放声朗读,检查修改。读读句子是否通顺,词语是否恰当,标点是否正确。

②小组内学生相互交流,互提建议,统统修改。

2. 佳作欣赏,完善提高

①投出优秀习作,边朗读边评议。对出彩的句子,要说出好在哪里。

②取长补短,根据修改建议再次修改习作。

3. 佳作"发表",评选最佳

①评选最佳:最佳开头、最佳描写、最佳句子、最佳结尾、最大进步等等。

②佳作展览:为评选出的各类最佳提供展示的舞台(全班朗读、张贴分享园、上传校园网、向报纸杂志投稿等)。

4. 第一次学写调查报告

调查报告属于应用类写作文体,在整个小学阶段只出现一次。像调查报告这类应用文,需要借助大量的调查访谈、资料搜集,才能为写作的顺利展开做好铺垫。教学中教师要引导学生通过观察、调查、访谈、阅读等途径,运用多种方法搜集材料。对于调查报告的格式要求,要借助大量的例文阅读,给学生直观的感受,让他们在广泛的阅读积累中、比较分析中收获调查报告的基本结构。

为调动学生写作调查报告的积极性,我合理利用信息技术与网络的优势,让他们通过网络平台,充分利用网络资源,在近距离的交流互赏中丰富写作形式,激发写作兴趣,增加展示交流与互相评改的机会。

学写调查报告

教学目标:

1. 在前期调查、自主阅读的基础上发现调查报告的基本写法。

2. 借助平台的交互功能实现资源的共享,按照一定的要求互评、自评,完善调查报告。

前期准备:

1. 学生(个人或同伴)自由选择感兴趣的话题按照一定的要求进行调查,搜集整理信息,绘制好统计表。

2. 搜集一篇和自己的调查主题不相同的调查报告。

教学流程:

一、引入话题,分享调查信息

1. 前些日子,大家就自己感兴趣的话题进行了调查,课前我们已将调查结果输入各自的平台。

你们调查了哪些话题呢?

【技术支持:聚焦。】

大屏聚焦汇总的话题。

谁来介绍介绍?

2. 你们为什么选择这些话题来调查呢?

【技术支持:聚焦。】

3. 你们调查了哪些对象呢?

【技术支持:聚焦结果汇总。】

看来,要想得到比较全面的信息,我们可以多选择一些对象进行调查。

4. 你们得到了哪些宝贵数据呢?从这些数据中又想到些什么呢?

【技术支持:学生点击"展示",2-3人发言,大屏聚焦。】

二、推荐阅读,探究写法

1. 刚才我们交流的内容是用统计的方法去调查自己感兴趣的话题,这节课,我们一起学习如何将得来的信息构思成一篇完整的调查报告。

2. 课前我们自主查阅了调查报告,有值得我们一起分享的文章吗?

(聚焦学生的推荐文章,学生介绍推荐理由。)

【技术支持:生提交文章,点"展示"—教师聚焦—生简要介绍推荐理由。】

3. 说得真好!老师放在资源里的两篇调查报告都读了吗?

关于小学近视问题的研究报告

一、问题的提出：

我们班许多同学都陆陆续续带上了眼镜，我也是其中的一员。有多少人近视了？他们又为什么近视了？我做了一次调查。

二、调查方法：

查阅有关书籍，了解普通人是怎么近视的。

2. 调查询问同学，了解他们是怎么近视的。

3. 通过多种途径，了解我班一共有多少人近视了。

4. 通过班级博客发表问卷。

三、调查结果及分析：

我班共有 11 个人近视。我国的近视率已接近 30%，其中小学生 22.7% 患有近视，初中近视率猛增到 55.8%，高中生 70.3% 人戴上眼镜，大学生近视比例高达 80%。

近视成因较多，据我们猜想，造成近视的因素有：遗传因素，环境因素，个体因素，营养体质因素和睡眠因素。

通过对调查问卷的分析，我发现造成近视的原因主要有：

1. 从整体来看，作业负担较重的同学占大多数，作业负担随年级的升高而加重。

2. 无论是哪个年级在做作业时都没有好好地让眼睛得到休息；而在校休息时间又随年级的增高呈递减趋势。

3. 抗疲劳眼药水与眼保健操都是对眼睛有治疗作用的，但却没有引起同学的高度重视。

4. 近视人数虽然远远高于非近视人数，但不佩戴眼镜的人却占有相当一部分比例。这表明同学们对近视的问题还不够重视！

5. 读书写字姿势不对、用眼不当之类的毛病。

6. 灯光太暗或太强之类。

我提出了以下几点建议：

1. 每日坚持远眺、坚持眼保健操和课间操，并积极参加文体活动。

2. 学习时要有充足的光线,光线要从左侧方向来。不要在光线不足和耀眼的阳光和强灯光下看书写字。

3. 不要睡在床上或边走路边看书。更不要歪头偏身趴在桌上读书写字。

4. 不要长时间使用视力,每学习 50 分钟后,应当休息 10 分钟。

5. 看电视、上网的次数不要过多,时间不要过长,要控制在 1 小时以内。距离不要太近。至少隔两米远。

小学生食品安全调查报告

如果你从我们学校经过,你会发现一种奇怪的现象,放学后,大部分同学不是向家的方向走去,而是以迅雷不及掩耳的速度、如饿虎扑食般地朝学校对面的小卖部冲去。他们掏出家长给的零花钱,买了一些色彩鲜艳、包装简易,还赠小玩具的食品。于是,我们就此现象进行了一系列的调查。

我们就对于这些食品的喜欢程度,调查了二十名同学。情况如下:10 名同学经常吃,8 名同学曾经吃过,2 名从没吃过。在调查中我们发现经常到学校周边小卖部买这类食品吃的同学比较多。在问到原因时,同学们有的说"好吃",有的说"因为好玩",还有的说"便宜"。为什么这么多同学喜欢吃这些食品呢?

1. 因为同学们中午不正常吃饭,直接导致同学们下午放学时,饥饿难忍。

2. 这些食品中添加了一些添加剂,使得食品颜色鲜艳、"口感较好",因此会吸引很多的学生们。

3. 很多食品中附带一些小玩具,有的同学为了攒这些玩具,于是就来购买。

4. 同学们互相攀比。

这些食品对于我们的身体有好处吗?

带着调查的结果,回来后我们上网查找了相关资料。据网上资料表明,这些小店里出售的食品主要存在色素超标、重金属含量超标、防腐剂超标、卫生指标不合格等多项问题。一些生产厂家为了追求食品的颜色、口感、新奇等,在生产小食品过程中不按国家食品标准使用添加剂,或滥用不合格、不允许使用的添加剂,致使大量不合格甚至有害的食品损害我们的健康。

为了我们的健康,为了我们能够健康茁壮地成长,特向同学们提出如下建议:

1. 同学们坚决不要购买学校周边质量不过关的小食品,吃好正餐,多吃水果。

2. 学校应当加强伙食管理,让同学们中午能够真正吃饱、吃好。

3. 食品安全部门应当加强对学校周边商店的检查,使同学们免受这些垃圾食品的危害。

【技术支持:学生快速浏览平台"资源"里的范文。】

4. 发现调查报告写作的基本思路了吗?真的发现了?我可要来考考你们啦。请点击"方法探究",用鼠标拖动,确定你的写作思路。

(学生操作、提交)

5. 请点击"互助"按钮,看看你好朋友的写作思路,赞同的送上"掌声",不赞同的等会儿交流。

【技术支持:聚焦所有人的作品,如果都是"掌声",就请一名同学带着大家梳理思路;如果发现没有"掌声"的,请那位同学发表看法。】

6. 思路都清晰了,下面就让我们按照自己发现的调查报告的撰写方法,将自己课前积累的零散资料组合成一篇完整的调查报告吧!

(学生练习。5分钟左右)

三、集中评点,自我修改

1. 谁来展示一下自己的作品?请提交作品后摁下"展示"按钮。

【技术支持:教师将学生提交、展示的三到四幅作品,推送到指定平台。】

2. 接下来,大家自由选择一幅作品进行评价。留下自己的宝贵意见。

【技术支持:聚焦意见。由提意见的同学发表自己的想法。】

3.（采访一位被评价的同学）你认为他们对你文章的评价怎么样？你打算怎么做？

4. 真好，写好文章，和同伴交换着看一看，请他们提提意见，我们的文章会越写越好。下面让我们结合大家的意见和调查报告的基本思路修改自己的作文。

附：学生习作

六年级同学最喜欢的颜色

一、调查原因

最近，我们班有些同学一会儿和这个同学玩，一会和那个同学玩，我觉得这和同学们的性格有关，我希望从调查最喜欢的颜色，可以分析他们的性格，就可以建议他们完善性格，是我们班的每个同学都成为好朋友。

二、调查对象

以六年级 60 名同学为调查对象。

三、调查方法

1. 采访同学。2. 上网调查。3. 观察同学。

四、调查分析和建议

我们班喜欢蓝色的同学最多。蓝色是冷色，我发现我调查中喜欢蓝色的同学大都比较内向，不善于表达自己心里的想法，所以我建议他们应该开朗热情地与人交谈。

也有很多人喜欢紫色。紫色的明度是在彩色的色料中最低的，紫色的低明度给人以神秘沉闷的感觉。而我发现调查喜欢紫色的同学比较多愁善感，我建议他们多想些开心的事，不要整天愁眉苦脸的。

还有很多人喜欢黑色。我发现喜欢黑色的同学大都是一些男生和班干部。喜欢黑色的同学非常干练，而且执着，做事认真，不喜欢拖拖拉拉浪费时间，喜欢成功的感觉，但这也意味这些同学虽然干练，但朋友却不见得多，因为他防御心理特别重，所以我建议喜欢这种颜色的人放下自己心中的防御，这样才能多交一些朋友。

六年级同学星座调查报告

一、问题的提出

我想通过调查结果与网上对性格与星座之间分析的数据进行对比,从而得知网上对星座与性格之间联系的说法是否准确。

二、调查对象

六年级60名同学

三、调查方法

1、了解当事人的想法

2、上网搜集资料

四、调查结果分析

我调查了六年级60位同学的星座情况,经过调查我发现每个星座对应的人数都差不多,基本上都是4-7人左右,其中最多的是白羊座7人。调查此数据我主要是想求证一下网上对星座与性格之间相关联系的说法是否可靠,是完全可靠,有一定的可靠性,还是完全不可靠、纯属胡编乱造。因为我们已经相处了六年,对同学们也有了了解,这样就能更准确地与网上的信息进行对比。通过调查结果与网上相应资料的比对,我发现网上对于性格的判断还是有一定可靠性的,在我调查的60个人中有46个人是比较符合网上判断的性格类型,有11个人是基本符合要求,有3个人是完全不符合要求和网上的说法大相径庭。当然,这只是少数人的情况,毕竟大部分人还是符合网上的说法的。

五、建议

从以上总结的几点来看,网上的消息并不是百分之百正确的,但也不是胡编乱造的,只能用于大多数人身上。所以,在此给大家提几点建议:不要过分迷信网上的这些消息,但平时看看玩玩还是可以的。

六年级60位学生每天完成家庭作业时间调查报告

调查目的：

想通过本次调查了解现在六年级小学生的压力大不大，是否适应老师布置的作业量，如有不适，可让老师根据情况进行调整。也想了解现在同学普遍作业速度。

调查方式：

上网查资料，问当事人或老师。

调查结果：

我调查了六年级60位同学每天完成家庭作业时间。从调查表中，我发现有53位同学每天完成家庭作业只需1小时及1小时以下的时间，而有7位同学需两小时及以上的时间。

观察调查表，我认为大多数同学的作业时间能在一小时内完成，是因为老师布置的作业比较少，控制了作业量，其次是因为我们同学现在都比较自觉，能抓紧时间先在学校完成大部分作业。通过本次调查，我还想提几个建议，大多数同学能在一小时内完成作业还是非常好的，可在有速度的同时也要保证一定的质量，作业不能太马虎，另外，那七位作业时间需要两小时及以上的同学，则要在有质量的同时，提高自己的速度，抓紧时间，要做到高效完成作业。

小学生学写作文会第一次接触各种类型的写作，用好第一次，让他们每一次都能意识到写作"原来这么简单"很重要，这是为他们后续写作自信心的萌发奠定情感基础，我们一定要好好策划。

（二）引入连环画

连环画以其丰富多彩的图片配以简明扼要的文字深受小朋友的喜爱，对于三年级刚学习写话的孩子来说，选择一种契合他们兴趣爱好、审美情趣的方式让他们在信手涂鸦中学习写话，显得尤为重要。鉴于三年级习作教材上引导学生观察周围的植物、动物、人物内容比较多，我在指导学生写"观察一种喜欢的植物"时，就引导学生做好观察记录：将植物发生变化的过程用画笔画下来,并配上具体的文字说明。由于勾画图的过程就是学生仔细观察植物形状、颜色发生变化的过程,所以他们不仅能画出细致入微的画面,还能细无巨细地写清楚植物的变化细节。用这样的方式让中年段的孩子写作,既能激发他们的写话兴趣,又有助于他们养成良好的观察习惯。

观察日记的形式丰富多彩。

"照片+文字"式——

葫芦观察连环画:

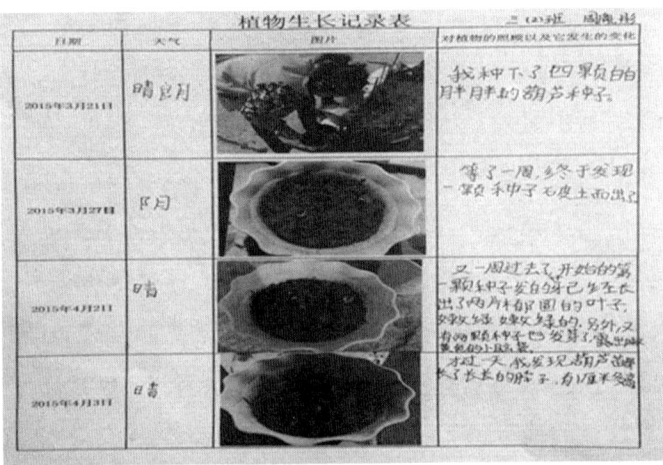

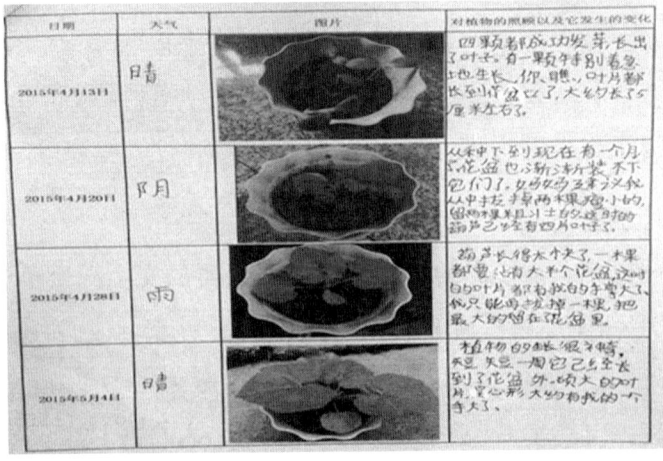

<<< 第三章 "需要性写作"的实践探索

"手绘图 + 文字"式——
香雪兰观察连环画：

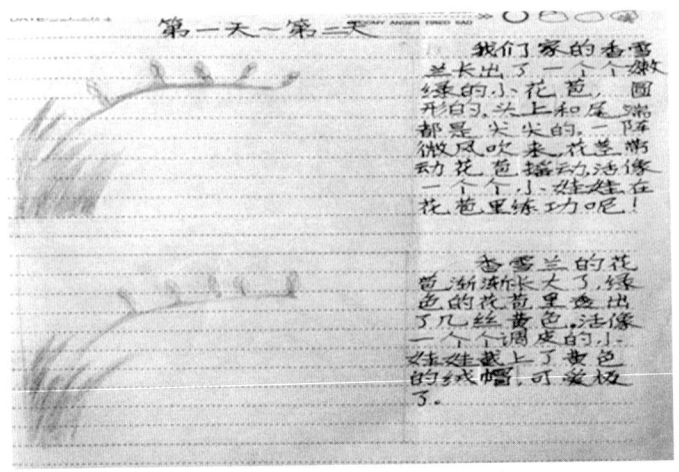

第三章 "需要性写作"的实践探索

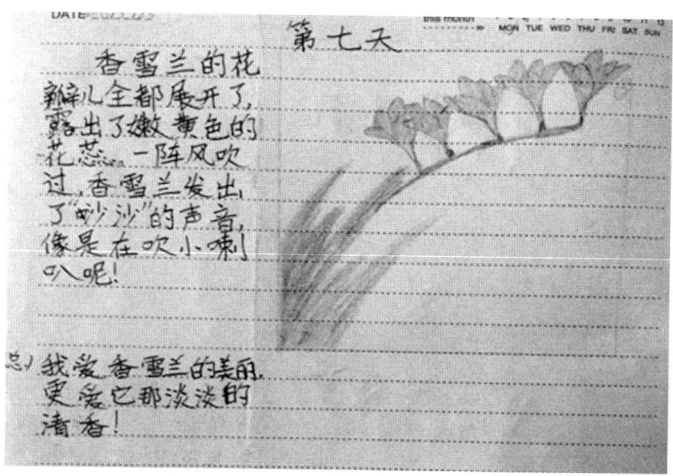

长寿花观察日记：

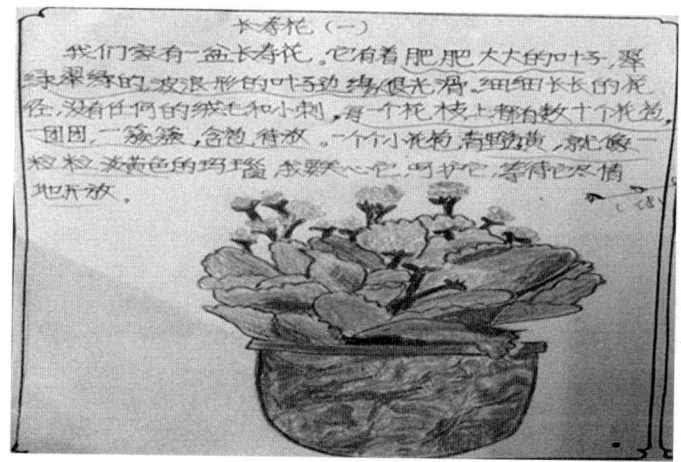

"需要性写作"实践论 >>>

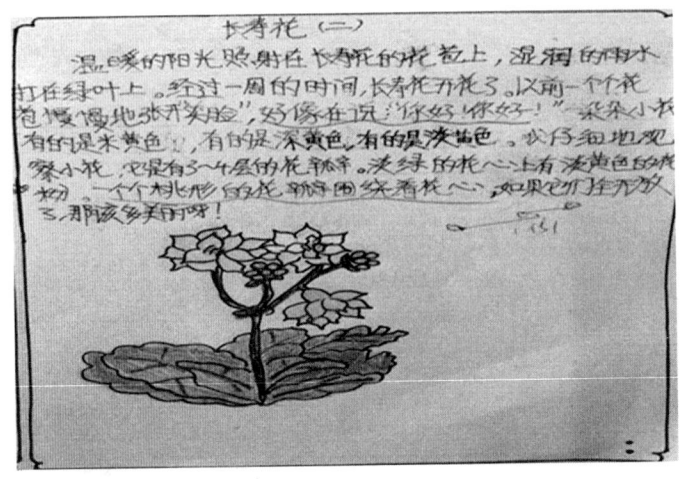

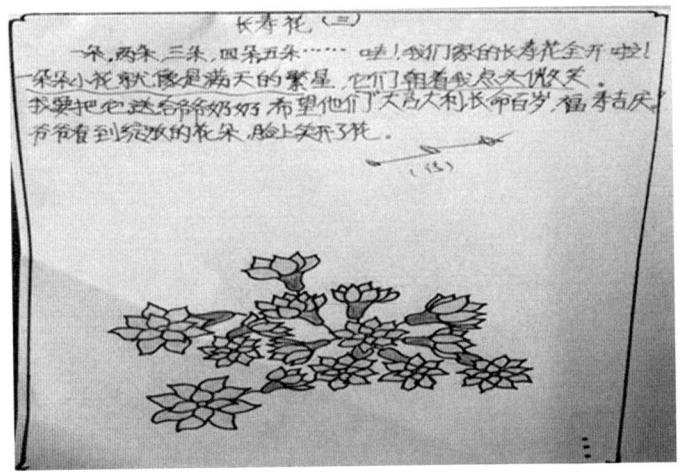

观察活动结束后让他们将零散的观察记录整理成一段完成的文章，就轻而易举了。

长寿花开啦

我们家有一盆长寿花，它有着肥肥大大的叶子，翠绿翠绿的，波浪形的叶子边缘很光滑。细细长长的花茎，没有任何的绒毛和小刺。每一个花枝上都有数十个花苞，一团团，一簇簇，含苞待放，一个个小花苞青里透黄，就像一粒粒淡黄色的玛瑙。我精心呵护它，等待它尽早开放。

温暖的阳光照射在长寿花的花苞上，湿润的雨水打在绿叶上。经一周的时间,长寿花开花了。

那一个个花苞慢慢地张开"笑脸",好像在说:"你好,你好!",一朵朵小花有的是米黄色,有的是深黄色。我仔细地观察这些小花,发现它们大多有着3-4层花瓣。淡绿的花蕊上布满了淡黄色的花粉。一个个桃形的花瓣围绕着花蕊,就像小朋友手拉手在转圈圈。如果它们全开放了,那该多美丽呀!

一朵,两朵,三朵,四朵,五朵……哇!我们家的长寿花全开啦!一朵朵小花就像是满天的繁星,它们朝着我点头微笑。

我要把它们送给爷爷奶奶,希望他们"大吉大利,长命百岁,福寿吉庆"。爷爷看到这些绽放的花朵,脸上一定笑开了花。

(刘王梓)

(三)当回美食家

1. 水果大家品

如果孩子觉得作文很好玩,我们的作文教学就成功了。中年段,我经常带着孩子玩赏美食、品尝美味,然后将自己欣赏到的美、品尝到的味用文字描写下来与别人一起分享。

在学写一种水果时,孩子们带上了自己最喜欢的水果,这些水果因为司空见惯自然不能引起他们多大的注意力,这些水果常常在他们的眼前一闪而过,不能留下一点值得欣赏、回味的地方。为什么?因为他们缺少生活的敏感,这样的敏感光靠教师的说教是没有丝毫效果的。有效的方法是让他们知道其他人是怎样将这种美味通过文字描写得惟妙惟肖,让人垂涎三尺的。

于是,在他们观察了水果的外形、颜色,品尝了它的味之后,我带着学生一起欣赏名家笔下的水果——

一开瓶子塞儿,就是那么一股甜香;调上半杯一喝,甜香里带着股清气,很有点鲜荔枝味儿。喝着这样的好蜜,你会觉得生活都是甜的呢。

——《荔枝蜜》

杨梅圆圆的,和桂圆一样大小,遍身生着小刺。等杨梅渐渐长熟,刺也渐渐软了,平了。摘一个放进嘴里,舌尖触到杨梅那平滑的刺,使人感到细腻(nì)而且柔软。

杨梅先是淡红的,随后变成深红,最后几乎变成黑的了。它不是真的变黑,因为太红了,所以像黑的。你轻轻咬开它,就可以看见那新鲜红嫩的果肉,嘴唇(chún)上舌头上同时染满了鲜红的汁(zhī)水。

没有熟透的杨梅又酸又甜,熟透了就甜津津的,叫人越吃越爱吃。我小时候,有一次吃杨梅吃得太多,发觉牙齿又酸又软,连豆腐(fǔ)也咬不动了。我才知道杨梅虽然熟透了,酸味还是有的,因为它太甜,吃起来就不觉得酸了。吃饱了杨梅再吃别的东西,才感觉到牙齿被它酸倒了。

——《我爱故乡的杨梅》

柚子的颜色很奇特:绿中透着黄。从远处看,它活像一个戴着顶小歪帽的胖娃娃。柚子的底部有一个凹进去的小洞,像是它的"排气口"。妈妈说,凹口越深,这柚子就越甜。

皮刨开了,就有一股沁人心脾的清香扑鼻而来。柚子皮的表层像一条用细细的鹅卵石铺成略有凹凸的小路,而那海绵状的内层呢,则绵滑有弹性,像雨后的青苔。

在厚厚的外皮保护下,柚子的果肉一瓣瓣紧紧相依,像是围在一起的一个大家庭。剥下一瓣,撕开它薄薄的膜,只见一滴滴"小水滴",组成了一块晶莹剔透的大果肉。我迫不及待地掰了一大块,塞进嘴里,才一咬,立刻被喷了满口果汁,刚开始只觉得甜,然后尝出了酸,还微微有些苦,可能是带着一点皮的缘故吧。那滋味,正如人生的酸甜苦辣一般丰富多彩。

——《家乡的柚子》

欣赏的过程就是意会的过程,就是习得写作妙法的过程。经历了自己的亲自体验,学习了名家大师的佳作,再来写自己最喜欢的一种水果,就水到渠成了。

我先挑了一个长长的、弯弯的、金黄鲜亮的香蕉,它的外皮很有光泽,就像一座金闪闪的小滑梯。

——朱韵佳

香蕉很像弯弯的月牙,成熟时的香蕉金黄金黄的,如同披上了一件金黄的风衣。脱下它金黄的风衣,里面就是雪白的果肉了。轻轻咬一口,柔润松软,咽下去了还口齿留香。

——张逸康

剥开外皮,一股香喷喷的味道扑鼻而来,沁人心脾。白嫩嫩的果肉如同肥嘟嘟的婴儿脸,真讨人喜爱。

——周榕

每当秋季来临,无花果树上就挂满了一个个绛红色的果子。剥开外皮后,里面露出了一粒粒黄色的小籽儿。这些籽儿严严密密地挨在一起,好像谁也不愿意离开妈妈的怀抱。尝上一口,它酸中带点甜,甜中又掺杂着些酸。

——顾珂蓉

它穿着一件黄色的外衣,外衣上嵌着一颗颗浅褐色的点点,如同夜晚的繁星一般。

——蒋金伯

在厚厚的外皮保护下,橙子的果肉是一片片紧紧相依的,就像围坐在一起的大家庭。

——施俊晨

绿橙的颜色很奇怪:青中只有一小块黄,身上布满了伤疤,就像树干上那褐色的小树疤,摸上去很毛糙。远远望去,就像一个破损的小皮球。

——岳珈妤

猕猴桃呈椭圆形,外表皮上长满了细小的绒毛,让人想到小猴子的毛发,摸起来顺顺的、软软的,很是舒服。用刀切开果肉,顿时一股清香扑鼻而来,嫩绿的果肉中夹杂着如同芝麻一样的小籽儿。果肉中部还有乳白色的肉核。

——梁嘉俊

椭圆形的猕猴桃就像一个鸭蛋，外皮很粗糙，颜色也很奇特：远看像黑色，近看像棕色。我想是因为它全身毛茸茸的，像猕猴，才称它为猕猴桃的吧。

用刀切开，油绿色的果肉便露了出来。果肉的中心是黄色的，周围布满了小黑籽，就像一粒粒芝麻。

2. 美食同分享

学生的习作写好后，最期待的一件事就是希望别人能读到自己的作品，自己也能读到别人的作品。每当我们写作一些喜闻乐见、能引起大家的内容时，我都会为他们创设品评学习的平台。比如在所有同学都写完了"家乡的美食"之后，我将他们的习作发至"班级博客"，开展了"小小美食家"评比活动。谁能从别人的文字中品出美食的别样风味，谁就能获评"班级美食家"。

牛肉粉丝汤

"这是您要的牛肉粉丝汤"。下午 4 点，我来到了大娘水饺店，准备品尝我那 2 月不见的牛肉粉丝汤。

我仔细端详着眼前的牛肉粉丝汤：嫩嫩滑滑的粉色牛肉、细细长长有呈半透明状的粉丝、清清的还飘着几片绿油油的香菜汤。面对着色泽鲜亮的牛肉粉丝汤，我忍不住垂涎欲滴了。

我不禁低下头去闻了闻，啊，一阵香味扑面而来。也不知道放了什么神奇的原料，使得这碗牛肉粉丝汤这么香味四溢。而在扑鼻的香味中，香菜的味道是不可磨灭的，那是一种清新的香。

我迫不及待地夹起一筷子粉丝放入勺子里，沾了一点汤，然后送到嘴边，一口把他们吞了下去。顿时，香味在我的口中溢开：说辣也不辣，却总透着一种辣味；说酸也不酸，但总能尝到若有若无的酸味。汤的味道十分奇怪，也十分美味。也许这就是他的奇特之处吧。在汤的浸泡下粉丝和牛肉都变得异常美味，让我觉得仿佛是在吃天上的佳肴。

环顾四周,我发现许多人也和我一样陶醉其中,一个二岁的小孩坐在妈妈的怀里一口接着一口地吞食着汤,好像那是琼浆玉液,舍不得停下。一位男士埋头大吃,不顾自己头上那吃出来的密密的汗水,不时从他那听到"好吃,好吃"的啧啧赞叹声。

不知不觉,天黑了,我的那碗牛肉粉丝汤也下肚了。我意犹未尽地砸着嘴,恋恋不舍地离开了大娘水饺店。

(王昕玮)

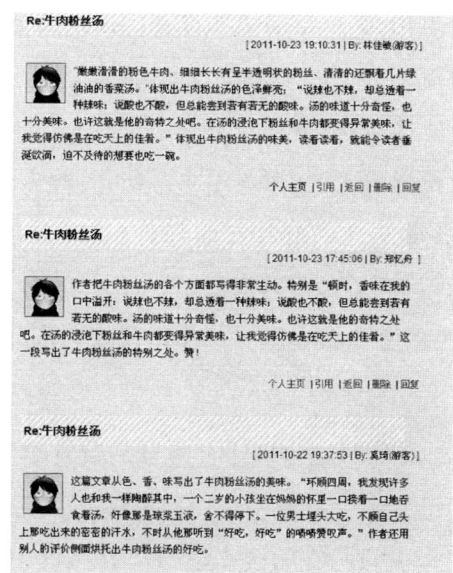

河南名吃胡辣汤

"十一"假期里,我们全家去了河南,品尝到了当地的著名小吃——胡辣汤。

第一次见到胡辣汤是在新乡市街头,路边灰蒙蒙的小店里。坐在那儿的人们人手一大碗,就着几个馒头,喝着碗里的汤吃晚饭。到过河南的妈妈使劲吸了吸鼻子,闻了闻店中飘来的辣味儿和一股怪味儿,说:"没错,胡辣汤就是这味儿!"我看着那肮脏的店,不屑一顾,甚至有几分厌恶。

在第二天的早饭中,我又见到了胡辣汤的身影。更不可思议的是,老爸老妈每个人都盛了一大碗。我想起了街边那脏兮兮的小店和那股怪味,头一扭,坚决地说:"不吃!"

"很好吃的!"妈妈劝我。

我勉强拿起勺子,尝了一口。原来这么好喝!浓浓的汤汁十分稠,里面并没有我想象中恶心的肉类,而是各式各样五花八门的豆制品:豆腐皮儿、腐竹、豆腐干儿、豆腐丝儿、豆腐条儿、豆面筋儿,还有豆粉条儿。我捞着里面美味的豆腐皮儿,如饥似渴地品尝着。汤是辣的,但辣味掩盖不了那汤汁的鲜味;汤是稠的,但里面的豆制品却依然清清爽爽,味道纯正……我大口大口地喝着,虽然已经满头冒汗,但是却全然不顾,任凭汗水肆意流淌。汤是用高汤煮的,还加了中草药,汤的味道越发醇正。我喝着美味的汤,全然忘记了我以前对它的评价。"虽然这汤的品相不怎么样,但味道是一流的。"我不禁感叹道。

走出饭店,我忽然感觉我已深深地爱上了这道菜。

(金海纳)

评选"班级美食家"不是最终目的,这只是激发学生参与习作评改过程中的一种策略而已。最大价值是他们通过彼此的互相学习,取长补短,不断完善自己的习作,达到"在阅读中学习""在阅读中成长"的目的。

(四)精彩亮出来

1. 推荐我的精彩

学生文章写好后,除了让学生结合年级制定的《写作评价表》对自己的作品从结构、语言、中心、方法运用等方面进行评价外,我还鼓励每位学生亮出自己的精彩语句——学生仔细阅读自己的文章,用不同颜色的笔醒目地划出自己最感得意的词、句或段,并简要写写自己的理由。如,学生划出文中"我穿过一片片叹息声,来到了好朋友的座位旁",写的精彩理由如下:"'一片片叹息声'很形象地写出了当同学们拿到试卷后,对糟糕的成绩非常失望。"在小组互评环节,由作者本人大声地朗读自己的精彩语句,并说说理由。写理由、说理由的过程是激发学生提升欣赏品质的过程,学生能通过欣赏与内视获得言语思维的发展,产生言语创造的不竭动力。

"推荐我的精彩"这一过程对每个学生尤其是言语表达能力暂时滞后的学生而言更为重要。这个过程没有与他人高下好坏的比较,有的只是自我欣赏、自我发现,是作者和作品之间的一次对话,是辛勤付出后获得的甜蜜,是一次期待与他人平等对话的机会。

2. 分享我的精彩

每次作文赏评课之前,我都会把学生自我推荐的精彩语句变成电子稿张贴在班级"作文分享园"中,每周更换一次。赏评课上,我选择其中一部分与本次写作教学内容有关联的语句通过课件展示出来,与大家一同赏评。

这一过程其实是给学生一种"发表"的刺激,让他们获得在"公众面前演说"的尊严,进而感受言语表达的快乐,树立言语表达的自信。同时,这样的分享又促进他们在写作过程中关注言语的表达,求斟字酌句,求言语创造,"产生新的试验、新的创造的冲动",为获得更多的言语表达快乐奠定基础,使写作成为一个良性循环的过程。

人的深层需要都有渴望别人赏识的愿望,对于尚未成人的小学生更是如此。每位学生都有进步的愿望,都有被别人赏识、被人肯定的愿望,都有主动发展的潜能。儿童习作能力的形成和发展,在很大程度上得益于老师的宽容、信任、引导和激励。因而,及时欣赏、交流学生的作品显得尤为重要。在批阅、讲评学生的作文时,我始终坚持这样的观点:只要他们的文章能映射自己生活面貌就是最好的;只要作文中有发自内心、充满真情的片言只语就可晋级传阅作文;谁的选材独到、构思新颖,谁就能摘得最具创意作文。这样做正是为了保护他们的言语自信,让他们意识到并不是只有用上大量的好词、成语,用了大段的好句就是好作文,只要是在准确表达自己的真情、彰显自己思想的,就是最为宝贵、最富个性色彩、最具创造性的。

对于一些注重情感表达、思想传递的文章,学会大胆、自信、个性化的表达是最为重要的。当他们充分认识到自己言语存有价值的时候,还愁他们写不出有章有法的文章吗?要知道所谓的这法那法也是由人创造的。

(五)当回大作家

在进行完"师生共读"《木偶的森林》活动之后,我校高娴老师让学生续写一下故事,并且发给作者王一梅,学生很感兴趣。当我们去慢慢欣赏学生的故事时,会惊奇地发现学生会自然而然沿用书中文字的特点,人物特点,有较高的吻合度,这与学生认真阅读和对书的喜爱分不开的。抓住文章的内容和空间,让孩子提笔延续,你会发现学生喜欢续编故事的热情丝毫不亚于他们对一本心仪已久的好书的热爱。

王一梅阿姨:

您好!

读了您的《木偶的森林》后,我非常喜欢,尤其是白黑黑,太可爱了!您笔下的忙碌城真是太奇妙了!这个奇特的故事,您是怎么想到的啊?

我写了一篇续写故事,发给您,希望您能喜欢,并请多多指教!

谢谢!

常州实验小学四(4)班钱奕诚

9月26日

我写的第 25 段故事

春天,白黑黑被啄木鸟吵醒了,他想起了罗里与他说的那些朋友们,他长长地打了个哈欠,穿上衣服,立马去找罗里了。

来到了树墩旁,看见罗里在给树墩讲忙碌城里的故事,白黑黑有点怀疑罗里少给他讲了多少故事。

白黑黑睡了最少三个月了,罗里直到现在还没说完呢!

他上去搭话,说:"罗里先生,你想你的团员了吗?"

罗里停止了给他的树墩讲故事,回答道:"当然,可怎么去忙碌城呢?"

白黑黑思考了片刻,说:"可以靠卷毛呀!上次,就因为我是他朋友,他就给了我一张马戏团门票呢!"

听到这儿,罗里想都没想,立即收拾行李,告别了树墩,与白黑黑一起跑向了火车站——激起了地上的尘土,等尘土散开,他们早已不见了踪影……

到了火车站,女列车员对白黑黑说:"大明星,是要回忙碌城度假吗?马戏团的变化可大了!"

他们上了车,过了好一会才发现列车员只顾跟白黑黑说话忘检查他们的车票了。

这时,一只全身有着蓬松俏卷毛的小狗边走边吆喝:"卖报了,卖报了,马戏团团长神秘失踪,马戏团因此旧貌换新颜。"这正是卷毛。

罗里说:"我要一份。"

卷毛抬起头说:"好的先生,3毛一份。"这时才发现是罗里,他兴奋地摇了摇尾巴,说:"我太想您了,马戏团有了很大变化呢!"

不知不觉已经到忙碌城了。

他们来到了马戏团,白黑黑和罗里的下巴都快掉到地上了——马戏团扩建了很多!

他们走了进去,先遇到了狮子,狮子见到白黑黑,第一句话就是:"白黑黑,你说的对,是有百狮街,就是这儿,这儿整整有103只狮子呢!"

再往前,遇到了丢三与落四,他们俩哥们当上了谋划员,看看地上的那一堆堆纸团,就知道最近没什么灵感,罗里不想打扰他们俩写作,就没去跟他们搭话。

再向后走就是大象了,罗里发现大象胖了很多,现在看来,从罗里走那天起,大象大概每天就胖了一千克,据说他在舞台上扮演假山,大家把他称为"假大象"。

大象身子大,门自然也大。白黑黑惊呆了,一直盯着那扇门,好长一段时间才回过神来。

　　罗里和白黑黑还看到了一些新来的动物。太多了！排一队保守地算也有500米呢！他们在一起聊了许多许多……

　　最后，他们来到了阿灿的房间，阿灿瘦了，脸也苍白了。也难怪，她不仅照看这么多动物，还要整理图书馆。

　　罗里有些控制不住了，他再一次流下了那绿色的眼泪。白黑黑拿出了他随身带着的爸爸做的黑熊牌蜂蜜送给了她。

　　阿灿转过身子来，那秀发飘了起来，如蒲公英一般，她微笑着说："别那么客气，这是我应该做的，我曾经答应过你帮你打理好马戏团的呀！"

　　罗里擦了擦眼睛，说："谢谢。"

　　阿灿摇摇头说："不用谢"

　　……

　　几天后，罗里与白黑黑回到了森林，我想罗里又多了一段给树墩讲的故事了吧！

（钱奕诚）

（六）做回小诗人

　　诗人余光中说：如果能对万物富有同情心、想象力，就离诗更近了。一个人的生活里应该有美，尤其是对美的想象力。

　　语文教育的人文性，在很大程度上就表现在"诗性"上。言语人生只有在"诗性"的烛照下，才能释放出人性的尊严和高贵，才能显示出人的生命意志的坚忍和不屈，也才能显示出人的生命意志的坚忍和不屈，才能在他的一生中用言语智慧给别人带来生活的温馨和快乐、勇气和信念。

　　都说儿童是天生的诗人。只要我们赋予他们作诗人的权利，做好他们的第一任读者，他们的诗心就会被激活，诗意就会勃发，诗情就会流淌。

　　我们的孩子虽然有丰富的亲身经历、所见所闻，有饱满的情感储备，但他们往往不知如何组织材料，如何表达。出现这种种现象的原因是什么？关键是形不成思路。而仿写则是引发、拓展思路的一个切实可行而有效的办法。

《鲜花和星星》是一首充满童趣的儿童诗,学生十分喜欢,是鲜花多,还是星星多?这个问题在孩子们的脑中美妙地存在着。学完课文后,我校的高娴老师让学生开动小脑筋,仔细观察身边的事物,能不能找到它们的共同点也来仿照 14 课写首小诗,当学生发现找准事物的共同点,就可以通过联想的方式来发挥大胆想象,创作诗歌时,他们一个个表现出了无比的热情。

海鸥和浪花儿
（王灏）

我最喜欢
天空飞翔的海鸥:
这里一只,
那里一只,
真比海洋里的浪花儿还多。
到了晚上,
海鸥睡了,
我数着海洋里的浪花儿:
这里一朵,
那里一朵,
真比天空的海鸥还多。

霓虹灯和汽车
（肖菲）

我最喜欢
晚上常州城里的霓虹灯:

这里一盏，
那里一盏，
真比天上的星星还多。
到了白天，
霓虹灯灭了，
我看到城里到处都是汽车：
这里一辆，
那里一辆，
真比夜晚的霓虹灯还多。

浪花和白云

（朱子尧）

我最喜欢
铺满海面的浪花：
这里一朵，
那里一朵，
真比天上的白云还美。
风儿停了，
浪花休息了，
我看着满天的白云：
这里一片，
那里一片，
真比海上的浪花还美。

荷花和星星

（王婕）

我最喜欢
夏天满池塘的荷花：
这里一朵，
那里一朵，
真比天上的星星还多。
到了晚上，
荷花睡了，
我数着满天的星星：
这里一颗，
那里一颗，
真比池塘里的荷花还多。

你瞧，海鸥和浪花儿、霓虹灯和汽车，多么富有想象力啊！还有一位学生，寻找了自己心中浪花和白云的共同点——美，也写成了一首精彩的小诗。

(七) 文学奥斯卡

苏联教育家赞科夫在《教学与发展》一书指出："在实验班学生的作文里，常会看到一些不符合普通教学法的规定的表达方式。例如，学生写道：'应当赶快走开了，可我还站在那里，无法使我的眼睛离开对大自然的欣赏。'在分析作文时，是否应当纠正这个错误呢？（句子的结尾在句法结构上安排不当）？我们坚决主张，在这种情况下不要纠正。主要原因是，学生显然在努力寻找适当的方式来表达自己的思想和感情，这一点是最可宝贵的。毫无意义，他们将会找到完全正确的词句表达，他们探求的积极性和明确的目的性就是能够做到这一点的保障。如果给学生一个完全正确的语言表达方式，让学生简单地背熟，这种做法绝不会成为形成正确的书面语言的恰当的方法。通过书面正确地表达思想和感情,是要根据所要表述的事物内容的无限的多样性,采用多种精细入微的不同写法来实现的。""作文的作者所写下的不正确的句子,往往不能只评定为掌握语言不够而发生的错误,对一篇作文作为一个整体进行分析就可以表明,错误的发生有一定的激情的含义。"

鉴于以上认识,写作教学中,我始终以鼓励学生的言语生命为己任,为的就是让他们认识到唯有发自内心,带有自己情感、思想的言辞才是拥有生命力的。其实,对小学生而言,维护他们习作自信最有效的方法莫过于赏识、肯定他们的作品,冠他们以各式各样的能看出其写作水平的头衔了。从三年级开始,我就以周记为抓手,每一次好的周记就享受在班级"传阅"的机会,传阅的作文每次可以在个人"作文积分榜"上积累宝贵的一星,一个学期下来,根据星数的多少评出各种作文称号,然后举行隆重的班级"文学奥斯卡"颁奖盛典。

我们的荣誉称号因年级不同、层级不同而有所区别,总的原则是同一年级因水平不同而异,年级与年级之间呈螺旋递升态势。于教师而言,对学生的评价已发展性评价为主,不将学生与学生之间比,将每个学生的成长置于他们各自的纵向发展长河之中,让他们时刻感受到自己的成长与进步;于学生而言,他们少了不如别人的自卑感,因为他们的称号在慢慢地超越自己以前的水平,他们能时刻感受到付出之后的成功喜悦感。天长日久,他们积蓄的是前行的力量,看到的是自己的潜力不断被挖掘,自己的水平越来越提高。总之,我们为每个孩子定制属于他们自己的发展坐标,他们达到什么水平授予什么称号。

三年级的荣誉称号由低到高是:作文新星,作文能手。

四年级的荣誉称号由低到高是:作文能手,作文高手。

五年级的荣誉称号由低到高是:作文高手,班级小作家。

六年级的荣誉称号由低到高是:铜牌作家,银牌作家,金牌作家。

名称的变化让他们在肯定自我不断提高,不断超越的同时,对追求的目标保持一种新鲜感,进而避免审美疲劳。

对于孩子们来说,最为期待的一个是每次自己的好词佳句美文得到了全班共赏的机会,他们能收获自身存在的幸福感。另一期待就是每学期结束之后像模像样的"文学奥斯卡"的颁奖活动。

颁奖音乐响起,那一双双闪着灵动之光的眼睛,那一个个翘首以盼、神采飞扬的神情,那一双双洋溢着青春激情与自豪的步伐,足以成为他们学校生活中最为宝贵的记忆。

一个学期下来,每个学生都能在习作园地中找到属于自己的位置,每个学生都能收获属于他们自己独特的荣誉,这样别样的体验活动带给他们的成功体验是难以让外人体验到的。由于他们将作文当作了书写、记录、发泄情感的一种重要方式,所以每次活动过后,他们都能不约而同地以此为写作素材,写出一篇篇饱含深情的文章。我想,这就是他们喜闻乐见的活动赋予他们情感深处最深刻的烙印,而这种烙印已成为他们情感的一部分、情感的一部分。

(八)做回小导游

在美国,从幼儿园开始就对学生进行系统的写作意识(考虑听众和目的)渗透,进行写作方法与过程的指导和训练。写作的两大功能即自我表达和与人交流。写作理应凸显其交际功能。写作方法的渗透,不应机械地讲解,生硬地灌输,应为学生创设自主阅读、合作探究的氛围,让冰冷的方法柔软地附着在学生稚嫩美好的笔端。

以五下《带你参观我们的校园》为例:

师:(出示图片)看看照片中这些少先队员有什么特别之处吗?(校园形象大使)他们是我们学校去年选拔出的"校园形象大使",但凡有客人来参观或是学校重大活动时,都能见到他们的身影,他们为客人详尽地介绍校园有特色的地方,让来宾留下深刻的印象。这学期,他们面临毕业,这个职责就落到了我们五年级同学的身上。

师:(出示通知)学校大队部想从我们五年级选拔几位"校园形象大使",你想成为"校园形象大使"中的一位吗?那怎样才能如愿呢?

……

师：要想成为"校园形象大使"，了解校园的角角落落是最起码的。那想不想学着把校园最有特色的地方介绍得吸引人呢？请你们快速打开桌上的信封，根据要求小组合作探究藏在文字中的介绍秘诀。

出示要求：

从这段文字里你发现了什么介绍的方法？这种方法可以用来介绍校园中的哪处景物？在自己认真阅读的基础上和同伴交流收获；交流时认真倾听他人的意见；由一位同学负责记录整理小组的意见并代表小组在班级里分享。

孩子们从《早》中发现"按方位顺序"可以介绍校园里的"四大发明雕塑""史良雕像"；《莫高窟》采用的"一一列举"可以介绍紫藤架下的"书法长廊"；

《黄山奇松》"整体到部分"的结构适合介绍校园近两百年的"银杏树"；《莫高窟》"点面结合"的写法可以介绍"书法长廊""分享三字经"。

（随后，孩子们用上探索出的介绍秘诀试着写作介绍稿。）

像这样应用性较强的文体的写作，应充分凸显写作的交际功能，还原作文的本真功能，让学生明了写作是作何用的，这样能充分激发学生的写作需求。指导时，我们可应时应景为学生创设极富生活气息，极具交往必要的现实情境，在充分调动他们写作动机的基础上拨动他们"写出好文章"的情弦，然后通过类主题的群文阅读，让他们从优秀的名家名篇中汲取智慧的养分，进而为集聚内化，习得该相应文体写作的技能技巧。

（九）想象无极限

"对写话有兴趣，写自己想说的话，写想象中的事物，写出自己对周围事物的认识和感想。""能不拘形式地写下见闻、感受和想象，注意表现自己觉得新奇有趣的或印象最深、最受感动的内容。""能写简单的记实作文和想象作文，内容具体，感情真实。"透过课程标准对写作教学的目标要求，不难发现，不拘形式地为学生创设想象练笔的机会是习作教学的题中之意。

《义务教育语文课程标准(2011版)》在"实施建议"中也明确指出:"要求学生说真话、实话、心里话,不说假话、空话、套话。激发学生展开想象和幻想,鼓励写想象中的事物。"

每个人的心中都有一团燃烧的火焰,都有自己梦寐以求的理想。这理想如果没有唤起的契机,也就缺少了为梦想而努力的激情。从"需要性写作"的视角来审视,写作"我的理想"是顺应他们的心理发展之需,情感发展之需的。这样的命题是基于他们的发展需要的。如何让每个学生的心头都燃烧起自己的青春梦?著名特级教师闫学为我们打开了一扇窗——

《我的理想》

一、听歌曲《橄榄树》,欣赏歌词。

不要问我从哪里来　我的故乡在远方

为什么流浪　流浪远方　流浪

为了天空飞翔的小鸟

为了山涧清流的小溪为了宽阔的草原

流浪远方　流浪

还有还有　为了梦中的橄榄树　橄榄树

不要问我从哪里来　我的故乡在远方

为什么流浪　为什么流浪远方

为了那梦中的橄榄树

不要问我从哪里　我的故乡在远方

为什么流浪　流浪远方　流浪

二、介绍三毛及其主要作品。

1. 知道歌词是谁写的吗?三毛。

2. 了解三毛吗?三毛本名叫陈平,三毛是其笔名。她最喜欢作家张乐平的《三毛流浪记》,于是将自己的笔名取名为"三毛"。其名字的来历还有另一个原因就是说自己写的东西很一般,只值三毛钱。

3. 欣赏三毛的主要作品。

1.《梦里花落知多少》　　2.《雨季不再来》

3.《稻草人手记》　　　　4.《温柔的夜》

5.《哭泣的骆驼》　　　　6.《撒哈拉的故事》

7.《送你一匹马》　　　　8.《万水千山走遍》

9.《倾城》　　　　　　　10.《背影》

11.《闹学记》　　　　　 12.《谈心》

……

三、大胆想象三毛小时候的理想。

1. 设疑：你们想知道三毛小时候的理想是什么吗？

2. 猜测：你们可以大胆猜测。

四、阅读三毛小时候的理想。

1. 她将小时候的理想写下来了。

出示大屏幕

我有一天长大了，希望做一个拾破烂的人。因为这种职业，不但可以呼吸新鲜的空气，同时又可以大街小巷的游走玩耍，一面工作一面游戏自由快乐得如同天上的飞鸟。更重要的是，人们常常不知不觉地将许多还可以利用的好东西当作垃圾丢掉，拾破烂的人最愉快的时刻就是将这些蒙尘的好东西再度发掘出来……

我有一天长大了，希望做一个夏天卖冰棒，冬天卖烤红薯的街头小贩，因为这种职业不但可以呼吸新鲜空气，又可以大街小巷的游走玩耍，更重要的是，一面做生意，一面可以顺便看看，沿街的垃圾箱里，有没有被人丢弃的好东西……

——选自三毛的《拾荒记》

2. 生自由读，说其理想。

3. 看来，理想并不是我们想象的那样伟大。她为什么想做拾破烂、卖红薯的人呢？你是怎么看出来的？

4. 她看重了这两个职业最大的好处——自由。只有自由才是最快乐的。从大作家三毛的理想可以看出理想并不一定要多么伟大、神圣,理想代表着一个人对自由美好生活的向往,有时只是一个小小的心愿而已。正如她歌词中所写的"为了天空飞翔的小鸟为了山涧清流的小溪为了宽阔的草原"

五、猜测老师的理想。

1. 看懂了大人物的理想,我们再来看看我们普通人的理想。猜猜老师的理想是什么?

2. 将理想悄悄地告诉给一位同学,然后由这位学生代替老师来回应学生的猜测。

小时候,做一个商店的售货员就是我的理想,而且不卖别的,专门卖糖果,卖点心。

我这个馋丫头,常常在离家不远的那家小卖部流连忘返,踮着脚,眼巴巴地看着柜台里。我知道那些用花花绿绿彩纸包着的是糖果,那些用土黄色油纸包着的是点心。顾客来了,那个瘦瘦的高高的中年男售货员就在一个小台秤上称好分量,然后在油纸外面贴一张红纸,再用细草绳扎好,交给顾客。虽然我一次也没见过售货员吃柜台里的糖果和点心,但我却无端地坚决认为,售货员一定是拥有这样的特权——可以在任何时候取食那些诱人的东西。我唯一不明白的是,既然售货员可以随意吃那些好吃的东西,他为什么一直那么瘦?

3. 揭示谜底:老师的理想是当小卖铺的售货员,只卖两样东西:糖果和点心。理想是无大小之分、贵贱之别的,只要是发自内心的,就值得去珍藏,值得去追寻。

六、交流自己心中的理想。

1. 只要我们真实、真诚地弹出内心的想法就是最可贵、最有价值的。我相信,你们小脑瓜里的理想一定比老师的理想更好玩。

2. 你们心中的理想是什么呢?生大胆地说出来。(只请三到五人说)

3. 同学们的理想真好玩也非常有趣,如何让更多的人一起来分享我们与众不同的理想呢?

4. 下面就让我们将自己的理想写在作文本上,想怎么写就怎么写,待会儿我们一起来分享。

5. 学生自由写。教师巡视,在写得好的本子上打上五角星。

七、交流点评习作。

步骤:一生读——其他同学听,思考:他写的理想是什么？是怎么写的？好的在哪里？哪里需要修改加工？——提炼学生好的写法、构思——引导的着力点是写清楚产生此理想的原因或为了实现此理想我们所应做的努力有哪些。

八、修改完善习作。

1. 师读自己的下水文,生评老师写得怎么样?（侧重真情表白和细节刻画）

2. 作文要想打动读者,就要真实地表达自己的情感。

3. 学生自己修改习作,加进细节和真心。

九、明确写作理想的意义。

每一个理想都传递出我们对自由幸福生活的向往和渴望。请大家好好保存好自己所写的这篇习作,因为这篇文章饱含着大家对理想的追求,这里面有我们对自由的追寻。希望大家心底自由、理想的种子能生根、发芽。

我的"服装梦"

"一个梦想,三个梦想,十三亿个梦想。"我打开电视机,就看到了梦之蓝的广告。

我的梦想是什么呢？爸爸妈妈每一次问我时,我都会说:"我还小呢,没必要想20年后的事情。"如今我已长大了,也该好好打算一下了。我想了一个办法从自己的爱好开始下手。画画,我画的不算好;吹笛子,有人比我吹得好……怎么办？在我万般无奈下,一个好点子从我脑子中一闪而过——做一位服装设计师不是我梦寐以求的吗？

每次有空,我就打开电脑看那些服装设计师设计的服装,那一款款别出心裁的设计令我佩服得五体投地。每个人都有自己的特色,为何不将自己的特色展示出来呢?我要通过服装来展示人们的喜怒哀乐,自己的开心能通过服装让别人一眼看出来,自己的苦衷也能让别人读出来。这就是我们所说的身上的艺术。

这就是我的梦——做一位服装设计师。

(于点)

编织健康中国梦

我们是中国的炎黄子孙,中国是我们生活成长的地方。我们每一位华夏儿女在同一片蓝天下,都编织着同一个"中国梦"——为祖国奉献一切!不过,因为我们每一个人在中国这个大家庭中扮演的角色不同,所以"中国梦"也因人而异。

作为一个中国人,我也有着自己的"中国梦",我的梦想就是当一名医生,而且是一位外科手术医生。说起我的梦想由来,那还得感谢一个人——他就是我们常州儿童医院的外科大夫钮建宏医生。

记得我上二年级时,得了急性阑尾炎,需手术治疗,当医生告诉爸爸妈妈我必须立即手术时,胆小的我当时就吓得哇哇大哭起来,爸妈被我无休止的哭声搞得心烦意乱,六神无主。但出于病情的原因,我们只能无奈地听从医生的安排。

一切就绪后,我被医生推进了手术室,当我躺在手术台上,看着雪白刺眼的手术灯被医生全部打开时,看着手术室里穿白大褂的医生在为我做术前准备忙碌时,我吓得全身直发抖,眼泪止不住地流淌着,我感觉天都要塌下来了,自己是多么得无助与孤单啊!这时,我的主刀医生钮建宏走到我跟前,笑眯眯地,用极其和蔼的语气对我说:"小朋友,别紧张,放松些,手术没你想象的那么可怕,伯伯给你打一针,你睡一会儿手术就完了,伯伯帮你轻一点……"钮医生亲切的话语让我的心情稍稍放松一些。

等我再次醒来时,我已躺在病床上,看见爸妈正在和钮医生谈话,钮医生见我醒来,笑着对我说:"小朋友,伯伯没骗你吧,一点都不疼吧。"听着他春风般的话语,我顿时感觉钮医生好伟大啊!他高超的医术是多么值得我敬佩啊!正因为如此,我立志自己长大也要像钮医生一样做一个救死扶伤的好医生!

我曾无数次想象自己若干年后也穿着白大褂,手持手术刀,在为病人做手术的情景,我知道我的梦想是美好的,但我也知道梦想和汗水是连在一起的,我只有不断努力,坚持不懈才能成功。

成为一名救死扶伤的白衣天使是我的火热梦想;让炎黄子孙健康平安地屹立于世界民族之林是绚烂多姿的中国梦。我要用我的勤奋和汗水去编织亿万华夏儿女的健康中国梦!

(王慧)

美丽中国梦

每个人的梦想是不同的,也许是异想天开的,又也许是现实的,我的梦呢,是让地球上的每个孩子生活得健康快乐。

有一则公益广告说得好:知识,成就梦想;拼搏,成就梦想;实干,成就梦想。我的第一个梦想是关于全民运动:每天锻炼一小时,健康生活一辈子,这句话经常在运动场见到。可现在运动场大多数都要收费,小朋友消费不起。可提高孩子们对体育的热爱和孩子们的身体素质,是一件功在千秋的事情,我希望所有的运动场所都不收费,能让普通老百姓的孩子们尽情享受运动带来的快乐。淹城乐园附近,就有一个免费的室外篮球和足球场,设施很先进,每天都有许多小朋友在这里运动娱乐。唯一不足的就是数量和场地还不够大,我希望常州的运动健身场所都能像淹城室外运动场学习,让所有的孩子随时享受运动的开心与快乐,每个人都拥有健康的体魄!

我的第二个梦想也是我最大的梦想,建一个森林学校。森林是一座大的防护墙,也是净化空气的好帮手,能让上学的孩子们每天呼吸到最新鲜的空气是多么美好啊!我们还会发给每个入校的新同学一棵小树苗,让他们亲手种下小树,让小树陪伴他们成长,培养他们的责任心和爱心、提高他们的观察能力和动手能力。随着他们的成长,森林也变得越来越茂密,生长出许多各种各样的花草树木,迎来许多小鸟与动物,让我们的学校成为一个热闹的大自然家庭,同学在这里快乐地学习,玩中学,学中玩,不让学习成为一件枯燥的任务。同时我们还会采用环保的太阳能和风力发电,鼓励同学自己参与学校的建设,激发同学对科学的兴趣,让每位同学在这里发挥自己的特长,拓展自己的潜能。我们学校还建有森林导航和通往森林学校每个角落的观光小火车,让同学不迷路。森林学校还有很大的图书馆,每天还有读书课,让同学尽情畅游书的海洋。我们的森林学校本身就是一座大自然的图书馆,这里就是自然科学家的摇篮。

每个孩子的梦想汇聚起来,就是中华民族的梦想;每个孩子能实现自己的梦想,我们民族的梦想终究会实现!每个孩子都健康快乐地成长,我们的民族和国家就一定会日益强盛!少年智则国智,少年富则国富,少年强则国强。

中国梦,我们的梦;我们的梦,中国梦!

(徐嘉钰)

我的"主席梦"

"丁零零……"讨厌的闹钟把我从美梦中叫醒。我揉着惺忪的眼睛,回味着刚才的梦境:在梦里,我正在开全国人民代表大会,大家选举我为中华人民共和国主席,我承诺一定要带领我们的人民把祖国建设得更加繁荣富强!这不仅仅是我的一个梦,更是我的梦想!

在我想当主席的梦想之外,还有一个小小的梦想,那就是成为一名作家!之所以想当作家,是因为作家可以把自己的心声写在书中,把自己的想法写在书里,给予别人精神的力量,给予民众信仰的教育。如果我是作家,我可以用我的亲身经历,将我的切身感受,在笔尖上流露,然后再以主席的身份,把我的想法公布于众,让更多的人了解我的想法,并且把我的创意实施到社会的各个方面,为更多人的生活提供方便,让我们国家变成一个繁荣富强、积极向上的国家。苏格拉底曾经说过"世界上最快乐的事,莫过于为理想而奋斗"。正因为如此,我每天都在为梦想而快乐地努力着……

那天就要选举新的班干部了,我最想参加纪律委员的竞选,因为我认为,一个想当国家领导人的人,必须要有一定的管理能力和领导力,在班级做班干部,既能为集体服务,又能锻炼我的能力。竞选前一天晚上,我暗暗下决心,一定要写出最棒的演讲稿,为第二天的竞选做努力。"今天我非常荣幸地站在这里,参加这次班委竞选活动,我想竞选的是纪律委员……"经过40多分钟写作与修改,终于写出了一篇满意的演讲稿。我在镜子前大声地朗读,琢磨每一句话语,每一个动作! 一切准备就绪,下面就看我明天的发挥啦! 这是锻炼我演讲水平的时刻了,每一个国家领导人都会有演讲的经历,用语言去感染民众,用激情燃烧梦想! 我一定要向他们学习! 竞选开始了,我自信地走上台,攥紧了我的发言稿,清了清嗓子开始了我的演讲"敬爱的老师、亲爱的同学们:大家好……"在同学们期待的眼神中,我成功地完成了我的演讲,教室里想起了热烈的掌声,我似乎回到了我的梦里,台下同样也有雷鸣般地掌声,我十分享受这种感觉,这就是被信任的滋味! 最终,功夫不负有心人,我成功的竞选上了纪律委员,就像我演讲稿里说过的那样"我一定能带领好我们班级,让每个人都做好自己的工作,让我们五(3)班这个大集体团结一致,成为纪律最棒的集体!"

我有一个"主席梦",主席有个"中国梦"。人生如船,梦想是帆,我们每个人都应该有着自己的梦想,指引我们前进的方向,再用每个人的一个个小梦想,组成巨大的中国梦,为我们国家献上自己的一份力。让我们大家一起行动起来,每个人都有一个自己的梦想,十三亿个中国人,十三亿个中国梦,合起来就是一个国家真正的繁荣富强!

(许冠周)

梦想没有高低贵贱之分,畅谈梦想的意义在于帮助学生插上敢说感想的翅膀。通过无拘无束的写作活动,让他们的情感自然流淌;通过对各种各样梦想的赏识与肯定,让他们树立正确的价值观与人生观,从而实现作文立人的价值旨归。

(十)我的评价我做主

在写作评价过程中,我们应该充分给予学生评价的权利和机会,而教师则转变为一个平等的参与者、专注的倾听者、适度的引领者,这样才能让写作评价更大地发挥育人的功效,直指学生心灵的成长和人格的完善。我校耿银辉老师的做法很受学生欢迎——

1. 初建"334"评价方式

所谓"334"是指一篇文章的成绩由三部分构成:自我评分占30%,小组评分占30%,教师评分占40%。我以4人小组为单位,学生结合年级制定的《写作评价表》先对自己的文章评分,再有三位组员按照要求进行评分,然后加上教师评分,由此获得本次写作的成绩。

这样的评价模式正是建立在对学生写作的尊重、理解的基础之上,教师不再充当一个权威的审判者角色,与学生在评价过程中处于相对平等的关系。从实际的效果来看,学生的评分与教师的评分大多相差无几,偶有较大出入则又能成为师生之间一次深入对话的机会,彼此通过交流达成共识。

"334"模式还有一点好处在于能使评价标准适度倾向言语表达能力暂时滞后的学生,体现评价的差异性。对于这部分孩子,在评价过程中教师参与小组的讨论,引导他们多发现自己的文章中的进步与亮点,自我评价时适当提高评价成绩,教师评价时合理利用40%的评分权。这样的评价结果对这些学生起到了一定的激励作用,不断激发着他们写作的兴趣,增强着他们的写作自信。

2. 学生来做"主评官"

为了完善"334"评价模式,减少评价过程中的同伴纠纷,同时让作者明确修改的方向,我开始指导学生给评价的文章写评语,从材料选择、写作思路、言语能力、情感表达等方面撰写,说清楚这篇文章我为什么给

"85"而不是"90",文章的优点在哪里,不足又在哪里,可怎样修改。

起初,降低评语的要求,并在每次作文赏评时增加"优秀评语"的展示环节,不断给予学生指导。每次评语的撰写前先由小组组长组织一起讨论,再指定学生组织语言撰写,并郑重地签上自己的名字。等学生的评语撰写能力达到了一定的水平,将"评语等第"(分 A、B、C 三级,相应得分为 3、2、1 分)也作为加分纳入了学生的文章成绩评定。

当然,教师绝对不是淡出评价,针对写得不好的评语,教师要进行"再评价",即写二次评语。这样做其一是为了对学生撰写评语的能力进行指导,其二是为了给文章的作者以明确的修改建议和方向。

3. 修改得分无极限

"文章不厌百回改",可很多学生在修改中往往草草了事,真正能不怕辛苦几易其稿的孩子更是凤毛麟角。夏丏尊、叶圣陶在《文章讲话》中提出,应将评改文字作为检验学生真实的写作能力的标准之一,这是在说明修改对一个人言语能力发展的重要性。潘新和教授则认为,"修改是一种能力,也是一种言语生命境界"。为了提高学生的修改能力,培养学生的修改习惯和耐心,适当引入加分机制是非常有必要的。我告诉学生,每篇文章上打的分数并不是最终的分数,如果你能反复地修改甚至重写,都能给予适当的加分或重新打分。

加分视修改的内容和质量而定,如,能重新调整写作思路安排材料,可以加 5—8 分;将能凸显中心的内容改得更具体,可以加 3—5 分;能重新修改开头、结尾使文章首尾呼应,可以加 2—3 分;修改文章的标题使之更新颖加 1—2 分……同时,这一机制还应适度向言语能力暂时滞后的学生倾斜,他们能将错字改对,将不通顺的语言改通顺,都应给予大力的肯定,适当进行加分。

这样做不仅仅是在帮助学生不断完善自己写作的文章,还是在向学生渗透一种生命的态度——做任何事没有最好,只有更好。学生通过反复修改,不断校正与发展自己的言语表达能力与言语思维能力。

三、小学生习作困惑时教师给予帮助的有效策略

（一）构思策略

课标指出：写作教学应抓住取材、立意、构思、起草、加工等环节，指导学生在写作实践中学会写作。

1. 过程还原

梁启超指出：教员不是拿所得的结果教人，最要紧的是拿怎样得着结果的方法教人。

此法即过程还原法，将自己写作的过程讲给学生听，还原的过程亦即思维方法再现的过程。

带领学生第一次写读后感，一味理性地告诉学生读后感的写作技法、写作步骤，丝毫不能起到理想的效果。最理想的办法就是教师与学生同读一本书或一篇文，然后教者将自己思考、选材、谋篇布局的过程讲给学生听，将自己的写作过程还原在学生眼前。选择师生同读的内容，师生间能产生心灵上的契合。

指导学生写作《木偶的森林》读后感时，我先将自己在读书过程中做批注、由相关感点产生的想法写在书上的做法通过投影呈现给学生，向学生渗透"阅读文章时要对引发自己想法的词句做圈点勾画，及时写下自己的感悟及联想"，这是第一步，展现的是思考的过程。如何将这些零散的想法串成一篇主题集中的文章呢？我同样将自己思考、组文的过程告诉学生。这时应借助完整的文章让学生形成读后感的整体印象，于是我将发表在《小学德育》上的《回到"道德原点"》的文稿发给学生，然后边朗读给他们听边告诉他们我思考的过程。

回到"道德原点"

一棵会说话的橡树被一个木匠砍伐并做成了木偶人。木偶人为了报复人类破坏森林的肆意而为，决定用魔法控制整个动物，企图将人类赶出城市……儿童化的故事情节、唯美的矛盾冲突使本该水乳交融的"人与

自然"弥散着阵阵欲语还休的美丽忧伤。

《木偶的森林》是一部荡气回肠、直抵人性光芒的力作。勤劳质朴的白黑黑一家三口、关心动物胜过关心自己的铁路工程师阿汤、忠贞执着的兔子阿德、美丽善良的阿灿,他们用各自的爱与责任共同构筑了一架撼人心魄的道德天平。

在对待野心勃勃、想用魔法控制整个动物的罗里时,一直以动物至上的阿汤又是苦口婆心地与罗里正面交锋,又是执着忘我地翻遍整个图书馆,为的是让白黑黑恢复记忆,结束火中取栗的冒险生活。可这些努力并没能让心如坚冰的罗里感动。

心灵的道德高度决定着一个人看待问题的宽度。立场不同,看问题的角度不同,效度自然也就截然不同。就在阿汤和卷毛一直都想着木偶人的神秘和可怕时,阿灿——这位温柔善良的姑娘,她却想到了木偶人可怜的一面(木偶人曾经也是一个受害者)。不必做作,无须苛求。这是阿灿发自心底的召唤,这是阿灿慨由心生的德善。

善良可以消融心灵的坚冰,让一颗仇恨的心灵随风飘散,渐行渐远,踏上人性闪亮的心尘。当我们用滚烫的善良之光去照耀一颗布满怨恨的灵魂时,人之初的性灵之美将熠熠生辉。

阿灿俨若一位不折不扣的心理学家。她非常清楚罗里心理的所想、所需,于是他巧借"心灵之巅"的善光直逼罗里黯淡、愤怒的心理防线——一袭久违的绿衫足以让罗里涕零交加,心中的"坚冰"不攻自破。阿灿的绿衣裳换来了罗里的第一次微笑,她就像那盛开的蒲公英,纯洁动人;她更如一心灵使者,温柔地守望罗里那硬如坚冰的心灵。与其是精诚所至的点石成金,不如是阿灿用那至朴至纯的善良之匙开启了罗里冰冻已久的心门,为罗里铺展了一条温暖的回家之路。

作为道德内涵的核心构件:同情心、爱、正义,在这部淡然脱俗的童书中得到了淋漓尽致的展现。

回到"道德原点",我们浸润在善良的氤氲之中——

白太太是老子"大小多少,抱怨以德"思想的践行者。当她听着罗里的遭遇时非但没有怨恨,反而心生怜悯之情;当白先生抱怨都怪阿汤修铁路惹的事端时,她却从孩子的发展、成长磨砺角度来正视大是大非。这需要何等的胸襟!这是她恩怨分明,大爱无疆的心地使然。

工程师阿汤一直认为白黑黑的境遇是他所为,他视恢复白黑黑记忆为己任,这又是承载着多么厚重的爱与责任……

回到"道德原点",我们编织着厚重的阅读之花——

当一本普通的儿童文学进入我们的视界,成为我们师生共滋共长的精神食粮时,我们到底该从它的字里行间习得什么,作为教者的我们又该怎样开发它特殊的"例子"功能,实现其教育教学资源的深度开发,并最大限度地发挥其效能?

挖掘其独特的育人价值,依文而教:有的儿童文学以语言见长,我们可以将重心放在欣赏、品味、积累语言上;有的儿童文学构思精巧,行文匠心,我们可以重点吸纳其语言表达,文学样式;有的儿童文学人物形象鲜明,洋溢着浓浓的人性情怀。

像《木偶的森林》这类映射着道德灵光的著作,教者在引领学生品味故事的内容时,应想方设法、多管齐下地为学生营造温馨、朴实的善良之场,让学生在反复的品读、回味、交互碰撞中拾级而上,漫步登临道德之巅,领略人性灵动之光。

当学生在邂逅这些人物时,定会受到同情心的唤起,情爱的洗礼,正义的启迪。这也是每一位儿童文学点灯人所应秉承的鲜明旗帜,因为这是儿童阅读价值提升的底线坚守。

回到"道德原点",我们普照着人性的德善之光——

教育是一方神圣的净土,教人求真,使人向善是其终极旨归。

引人向善,教人行善理应成为教育的行动诉求。善良作为道德核心元素,是一种阳光的、美好的、纯净的境界。教育者应用全部的心智善意面对一切,引导儿童求索知识,获取知识,运用知识,引导他们对人类光辉的向往、人生意义的追问。唯有引领学生坚定不移地行走在"向善"之光下、"行善"之路上,那一个个充满灵性的生命个体才会登顶"人性之巅",

实现道德自觉自为。

"善者吾善之,不善者吾亦善之,德善。"善良、无私欲在任何社会应该说都是需要的,它们应成为普遍的社会道德规范,深深扎根于每个个体的心中,畅流于每个个体的血液中,落实到每个个体的行动上。

过程还原,学生能悟得读后感写作的一般过程,这无论是对他们阅读习惯的培养还是读后感写作技巧的熏陶、感染都是潜移默化、心领神会的。当他们经历了教师的写作过程,了解了教师的构思、起草的过程,再让他们来学写,他们就有了写作的一般思路。

附学生两种形式的读后感——

推荐图书:《木偶的森林》

推荐给所有爱好和平、渴望善良和真诚的同学。

读书人:江苏省常州市实验小学五(3)班王舒宜

木偶罗里有把人类赶出城市的野心,于是他控制了所有的动物,让动物们为他服务,于是年轻气盛、憧憬未来的小熊白黑黑便成了受害者。这让阿汤、卷毛很气愤。而阿灿却用爱心让罗里收回了野心,恢复了理智……

文中的阿灿用真诚的爱去融化罗里心灵的坚冰。也就是这种真诚和善良,让我们的心灵彼此依靠。

善良是金、真诚是银,也许一块冰融化需要很长时间。但是,只要有善良和真诚相伴,冰冻的心马上会融化。其实,每个人身边都有爱心存在。记住:最美、最可爱、最能打动人的是善良与真诚。只要人人都像阿灿,人人常怀一颗爱心,那么世界将会充满爱,我们的家园将会成为爱心乐园!

《木偶的森林》读后感

《木偶的森林》故事是这样的:在一个寒冷的冬天,一棵长在大森林中会说的橡树被一个木匠砍下来做成了木偶人,来到了城市。日夜思念大森林的木偶人拥有一颗寒冷的心。他要报复人类肆意砍伐的行为,于是他招募各种动物成立了马戏团,企图把人类赶出城市……

故事的主人公是木偶人罗里,这本书令我感动的是木偶人罗里曾对小熊白黑黑唱过一首歌的上半部分,使小熊白黑黑失去了记忆,还让他跳火圈并被烫伤,可是白黑黑的父母却一点也不恨木偶人罗里,最后木偶人罗里对白黑黑唱那首歌的下半部分,使白黑黑恢复了记忆。

我喜欢故事中白黑黑的父母,因为他们很善良,竟然罗里伤害过白黑黑,他们也一点不生气,反倒觉得木偶人罗里很可怜,就让木偶人罗里到他们家做客。

《木偶的森林》这篇故事告诉我做人要善良,不能为了一点事就把人看成敌人。

(陈江安)

2. 技巧分析

"写作技巧分析是重要的,如果写作技巧分析可以帮助学生提高写作能力就应该认真分析。"对于一些应用性较强的文章写法,教师有必要为学生提供一些写作框架上的基本章法。

《读后感》写作一直是学生习作的难点。问题集中在:介绍文章内容过多,发表感想很少;联系的事例不能说明感点;事例庞杂不能聚焦感点;总结深化感点不够深刻。这样的问题如何解决?单凭教师讲解空洞的写作技法收效甚微。如何突破这一难点?教师借助可作范文的例文做批注性分析(也可以是教师写下水文,将一些技法、要求全部渗透其中),学生只要阅读例文和相关批注,便可巧妙化解难点,学生也能实实在在收获写作读后感的具体方法。

在罗列出学生写作读后感的具体问题后,我精选一篇比较短的经典文章《登山》及写好的读后感(读后感上有我对具体写法及好处的批注)提前一天发至班级网站,学生回家认真学习、发现相关写法,课堂上带着学生依据读后感的一般步骤逐一落实。学生经过"阅读、发现、吸纳"这一过程之后再修改自己习作俨然是水到渠成。

登 山

俄国十月革命前,列宁为了躲避沙皇警察的搜捕,隐居在一个叫普罗宁的小地方。

普罗宁四周都是巍峨的高山。一天早晨,列宁请波兰革命者巴果茨基做向导,上山顶去看日出,但是出发晚了点儿。

"有没有到山顶的近路呢?"列宁问巴果茨基。

"有是有。就是……"

"什么?"

"路太窄,又太危险,要经过深渊边上。"

"您走过这条小路吗?"

"走过几次……"

"我们就走那条小路吧!"

不一会儿,他们就来到小路跟前。路宽只能容一只脚,一边是峭壁,一边是深渊。

"您看看,是这样的路。"巴果茨基说,"您不能从这儿过。"

"那么您呢？您能过去吗?"列宁问。

"当然能。不信,我走给您看看。"

巴果茨基背贴着峭壁,扭转了头,不去看深渊,用碎小的步子在狭窄的小路上慢慢向前移动。

走过了最险的地方,巴果茨基轻轻地舒了口气,才回过头来看列宁。这一看,吓得他险些掉进深渊。

列宁跟在他后边,就在最险的地方停住了。他知道列宁头昏目眩了。

"往回走!"巴果茨基大声喊。

列宁站立了几秒钟,定了定神,又小心地向前移步。他不慌不忙,一步一步地走过了这段危险的小路。

他们登上山顶,一股柔和的阳光正好射穿黎明前的薄雾。远处蔚蓝色的湖水开始反射出耀眼的亮光。

山顶上的雪刹那间变成了粉红色,树丛和草地上的露珠儿也开始闪烁着光芒。好像有谁在指挥似的,鸟儿们放开歌喉,欢快地唱了起来。

大约过了一个小时,他们开始往回走。

"回去不用着急了,"巴果茨基说,"我们不必走那条险路了。"

"可是我,"列宁说,"我打算仍旧走那条小路。"

"为什么?"

"很愿意解释一下,但是必须在走过那条小路之后才行。"

于是,他们又来到靠近深渊的那条小路。

"这一次我先走。"列宁说完,就毅然决然地走了过去。

巴果茨基也顺利地走了过来。列宁握着他的手,说:"感谢您陪伴我,这次野游非常有趣。"

"现在请您告诉我吧,"巴果茨基说,"您为什么还要走这条危险的小路?"

"就是因为我害怕它。"列宁说,"一个革命者不应该让害怕把自己压倒。咱们得每时每刻、随时随地锻炼自己的意志。"

意志顽强,山岳可搬
——读《登山》有感

《登山》这篇文章写的是革命导师列宁同志的一个真实故事。我一口气读完了它,从中得到许多教益。

这篇文章记叙了俄国十月革命前的一天早晨,列宁同志为了看日出,和巴果茨基一道,有意选择一条崎岖、陡峭、充满危险的小路上山;在下山时,列宁又坚持仍从原路回来,目的是有意创造机会,来锻炼顽强意志和勇敢精神。作者用绘声绘色的语言,向我们揭示了一个深刻的哲理:要时刻注意锻炼自己的意志。意志顽强,山岳可搬。在前进的道路上,只有意志坚强,勇于战胜困难、坚持到底的人才能取得胜利。

"意志顽强,山岳可搬",这是千真万确的道理。你看,三分之二高位截瘫的海迪姐姐,在轮椅这个小天地里奋斗,要想取得成功,比正常人不知要多付出多少倍的代价,何等的困难啊!然而她没有向命运低头、向困难屈服。她没因水深不过河,没因有困难不进取。她坚信没有爬不上的山,没有过不去的河。面对重重困难勇往直前、高歌猛进。自学完了中学的课程,刻苦自修外语,翻译了30万字的外国文学名著。毅力惊人的海迪姐姐不就是靠着坚强的意志,奋斗不懈,一步步登上了成功的高山吗?(用反问的形式进一步强调海迪的成功源自坚持不懈的努力。)

巴尔扎克有句名言:"困难,对于弱者是一个万丈深渊,对于强者却是一笔财富。"是呀,如果一个人屈服于命运,屈服于困难,那么他只能是个弱者。但是,如果面对困难,意志坚强,顽强奋斗,刻苦努力,那他就会是一个生活中的强人。列宁同志面对"令人望而生畏的危险小路"这一艰难困苦,硬是靠着自己顽强的毅力才攀上成功顶峰的。

古往今来,大凡有所成就的人都是经过了一番艰苦磨炼,从艰难困苦中崛起的。《孙子兵法》的作者、著名军事家孙膑,自学成才的大数学家华罗庚,举世闻名的"镭"的母亲居里夫人,大发明家爱迪生,不都是这样的吗?人的一生总会碰上一些困难和挫折,谁没有过软弱、害怕的时候呢?人民的钢铁战士保尔想到过自杀,就连鲁迅先生也曾徘徊过……然而,他们最终还是选择了奋斗的道路,以惊人的毅力,勇敢顽强的精神,经过坚韧不拔的奋斗,获得了成功。(强调这些事例说明的观点,回扣中心。)

伏案沉思,我不由得想起了我生活中的一件小事:那是前不久的一天下午,我们全班同学在老师的带领下去爬南山的鹞鹰嘴。开始,我还爬得挺有劲,屈指行程未半,就累得头晕气喘。看到无尽头的陡坡,心里想打退堂鼓。刘芳一边奋力往上攀登,一边问我:"怎么,不上了?""唉,累死人了。""这有什么!"她边爬边哼:"红军不怕远征难,万水千山只等闲。"我想,你能"万水千山只等闲",难道我不能来个"五岭逶迤腾细浪,乌蒙磅礴走泥丸"么?一咬牙,拿出勇气,壮起胆子,一鼓作气往上爬,虽大汗直流,粗气直喘,但我终于爬上山顶,领略到山城的美丽风光。现在回想起来,这不正说明了只要有决心、有毅力、勇于战胜困难,就会取得成功这一道理吗?

朋友,当作遇到困难时,就请用列宁同志的这句话来勉励自己吧:"一个革命者不应该让害怕征服自己。同志,我们应该每天、每时、每刻,处处锻炼自己的意志。"

请记住:意志顽强,山岳可搬!

优秀习作再现——

雷锋精神代代传
——《"雷锋车"的故事》读后感
常州市实验小学六(3)班　陶李

暑假中,我读了一本让我感触万分的书——《"雷锋车"的故事》。这里的每一则故事都深深地打动了我,让我难以忘怀……(总的概述书的内容及给我感受)

在《急救老司机》中,一位患有心脏病的老大爷晕倒了,"雷锋车"组的同志对他进行现场抢救——先安排他平躺下来,帮助他服用"速效救心丸",赶快打给120,送到医院、并垫付400元钱,还帮着送样化验、守护擦汗、打电话通知其家人,连午饭都没顾上吃;在《遇上了这么多"好闺女"》中,一位步履蹒跚的老大娘走在山路上,由于她饥寒交迫,便走不动了,多亏出租车司机将老大娘送向汽车站,"雷锋车"组的同志们得知老人的遭遇——被儿子赶出家门后,一面上前宽慰老人,一面给老人端来了热茶、糕点,看着这些热心的陌生人,听着她们关切的话语,老人有了莫大的温暖……"雷锋车组"里这样的故事每天都在发生。"雷锋车组"每一位成员都具有乐于助人、关爱他人的优良品质。(说出事例揭示的中心很重要,这是一篇读后感的中心所在。)

雷锋并没有离我们而去,活雷锋用行动与真情传递着"美丽"。被誉为"最美司机"的吴斌,在他生命里的最后30秒钟里做了三件事:1、将车子开入紧急车道内停稳;2、打双闪灯,提醒他人注意;3、将车门打开,让乘客出去。被誉为"最美女教师"的张丽莉,在如狂兽般的车子冲了过来的一刹那,推开了前面的学生,用自己的身体接受冰冷无情的汽车的碰撞,学生安全了,而自己的双腿截掉了,并且多处骨折。被誉为"最美清洁工"的李成友,是北京海淀区环卫中心二队魏公村班的一名普通的清洁工,2012年7月21日,北京遭遇特大暴雨,面对堵塞的管道,他卧倒在积水中徒手清掏,这一举动感动了整个北京,这一形象也被定格在千万人心中。被誉为"90后最美学警"的李博亚,作为一名在秦皇岛市昌黎县火车站实习的90后警校大学生,当看到行进中的火车距乘客(因某种原因纵身跳下站台,跑入道心)不过十几米,危急时刻,他飞身而出,跳下站台狂奔至道心,奋力抢救旅客。然而,制动不及的火车还是重重地撞向了两人,旅客倒在道心里,年轻的李博亚双腿都被轧断,血流不止倒在铁轨旁一则则震撼人心的真实故事,从不同角度演绎了世间的大智、大勇、大孝、大爱(及时论证中心观点,这叫时刻回扣主题。)……他们美的不一定是外表容貌,而是他们那美丽的心灵!每一个阅读他们故事的人都经历着善良、坚韧、勇敢、无私的精神洗礼。(读后感,要时刻围绕中心发表自己的理解、感悟,因为读后感传递的是思想。)

　　雷锋并没有离我们而去,活雷锋用行动与真情传递着"感动"。2013年8月26日的《常州晚报》介绍了B12路公交车上的两名女乘客怕松脱的盖板掉下来砸伤人,两人托举了十几分钟,最后用透明胶带固定,被人们友善地称为"托举妹纸"。2013年8月27日的《常州晚报》介绍了77岁老木匠周春海老爷爷12年免费为左邻右舍做木工活不少于1000次,做凳,打柜,修床,加固公园里的小木桥……没有人要求他们一定要这样做,只因为他们心中时刻装着他人的安危,于是就油然而生起诸如此类友善的举动,他们都是芸芸众生中普通得不能再普通的人,但他们却在平凡中创造出了不平凡,他们的真心真情是可敬可佩的。

　　(以上事例写出了雷锋精神在社会上传递)

　　事实上,我们常州市实验小学也有许许多多的"活雷锋"——有的同学中午放弃了休息去图书馆整理图书,给其他同学的阅读带来了方便;有的同学早早地到校门口值日,维持秩序;有的同学主动帮助摔伤了的同学;有的同学……

(雷锋精神在校园里传递)

每一个人帮助别人的同时也可以从中感受到快乐。我愿雷锋精神之树万年长青、我愿雷锋精神之花娇艳芬芳。我们呼唤、我们呐喊更多的"活雷锋"站出来、走出来。(总结、提炼中心是点睛之笔,必不可少。)

借助技巧分析,学生能轻松掌握读后感的基本写法,修改出的作文也有较高的质量。

她用"爱"浇筑文字城堡

听说"童心、母爱"是冰心作品的灵魂所在,在没阅读这位世纪老人的作品之前,我对这句话一点感觉都没有。直到假期里我阅读了《冰心散文集》,我才有所领悟。

她始终怀有一颗儿童特有的好奇、纯真之心,冰心很小的时候就对大海有着忘乎所以的痴迷,在她五岁时,有次她母亲睡了三小时的午觉,她就呆呆地坐在石阶上凝望着大海三小时。母亲看着对大海如此热爱的冰心,眼里充满欢喜慈怜的珠泪。正是母亲的爱,寂寞的悲哀,海的深远,孕育了冰心辽阔的心胸,不可言说的惆怅。

在冰心成长的道路上,时刻能感受到爱的温暖。她认为母亲对她的爱是不附带任何条件的,唯一的理由,就是她是母亲的女儿。她认为母亲爱她的肉体,爱她的灵魂,爱她的前后左右,过去是,现在是,将来也必定是。直至她做了母亲后,依然用母亲特有的情怀养育自己的孩子。

她爱身边的每一个人,尤其对儿童有着无比细腻的爱恋。

她在怀念老舍时写道:"我的才具比老舍先生差远了,但是我还活着,我将效法他辛勤劳动的榜样,以一颗热爱儿童的心,为21世纪之末的四个现代化的社会主义祖国的主人,努力写出一点有益于他们的东西!"正因为她对家乡孩子们的热爱,才写出了《寄小读者》《再寄小读者》等系列文章。文章成了她与孩子们沟通的桥梁,远离故国亲人,辗转异国他乡,书信成了她与孩子们维系情感的纽带。那一封封饱含深情的书信不仅是向孩子们介绍她的见闻和收获,更有对孩子们殷切的期望。她希望孩子们做个孝顺、懂事、自强自立的人,为幸福人生和祖国的强大而努力。

她最厚重最深沉的爱则是祖国的初心不改。

她访问英国,欣赏到活跃而激越的苏格兰民歌时,耳边就想起了兄弟民族同胞歌唱毛主席的热情奔放的民歌;当五一国际劳动节来临时,她遥想夜幕下的北京天安门灯火交辉、焰火烛天的幸福场景,祝福小朋友们尽情享受快乐时光……对祖国无比的爱让她的文字传递着一股力量。她身处异国,浓浓的乡愁化作了一个个字符映入了读者的视线,进驻了读者的心房。她这样生动形象地描写乡愁:乡愁麻痹到全身,她掠着头发,头发上掠到了乡愁;她捏着指尖,指上捏着了乡愁。

在她的笔下,不同肤色的人们总是那么的可爱:意大利人的才华横溢、热情奔放,埃及人的聪明勇敢。最可贵的是,她在讴歌他人的同时,内心总会涌起对可敬可爱的故国的眷恋。也许,这就是她强大闪光的包容之心吧。她用爱抒发情感,传承文明。她用爱浇筑文字城堡,给后人留下宝贵的精神财富。

(王晓雨)

生命的"手斧"

一个13岁的男孩坠落在加拿大北部的原始森林中,绝望、恐惧、饥饿、野兽时刻威胁着他的生命。如果是你,是坐以待毙还是绝处求生?《手斧男孩》中的布莱恩仅凭妈妈送给他的一把手斧在危机四伏的原始森林中勇敢面对,克服了重重难关,独自生活了54天,创造了生命的奇迹,堪称野外生存的英雄。

是什么使他创造了生命的奇迹?勇敢,顽强,智慧。他搭乘的塞斯纳406丛林机途中出了故障,飞行员死于心脏病,在危急时刻,他克服心中的恐惧,驾驶飞机数百英里。虽然最终因燃油不足坠落在一座荒无人烟的原始森林中,但是他那临危不惧、勇敢顽强的精神却令我折服。

萨迪说过"谁没有耐心,谁就没有智慧"。也就是说谁拥有耐心,谁就能产生智慧。布莱恩的智慧源自一把宝贵的手斧。他用手斧摩擦洞壁,用"火星巢"里的火花取暖、烧烤食物、驱赶野兽……面临绝境,他沉着冷静,竭力思考,充分挖掘手斧的功能,获得了生存的本领。54天的孤独、寂寞、黑暗磨炼了他坚强的意志,锻造了他生命的坚强。这手斧已成为智慧、勇敢、顽强的象征。

历史上靠顽强的意志克服人生的坎坷、取得生命辉煌的事例比比皆是。

西汉时期的史学家司马迁为好友辩护,含冤入狱,遭受极刑,他非但没有颓废、沉沦,反而在狱中花了13年时间完成父亲遗愿,编成史学巨著《史记》;明末清初的谈迁花了二十多年时间写成的四百余万字《国榷》被偷,他没有被这致命的打击压垮,反而又花了近二十年时间编成新的《国榷》有四百二十八万四千字,共一百〇八卷,比原来的更完整……他们同样都遭遇生活的挫折,同样都面临生命的不幸,他们同样都拥有生命的"手斧"——坚强。坚强,让他们迸发出无穷的智慧,塑造了生命的辉煌。他们都是意志坚强的典范。

可见,一个人拥有顽强的意志是多么的重要。如果我再遇到跑步口干舌燥想放弃时,一定会咬牙坚持下去;如果我拉小提琴拉得四肢酸痛想偷懒时,一定要忍痛坚持。我想,生活的道路不可能一帆风顺,每个人都应该学会勇敢面对,拥有属于自己的"生命手斧"!

(王晓雨)

3. 类文比较

对于文章的结构把握、谋篇布局是孩子写作中的又一难点,好在孩子进入高年级,空间思维能力、比较发现能力在慢慢发展。为此,我们可以将文体相近,文脉清晰,结构相似的多篇文章放在一起,引导学生比较发现这一类文章在写法上的相似点。发现只迈出第一步,随后跟进的"用方法"来写作,甚至是创作才是最有实效的。

以"咏物抒情类文章写作"为例:

苏教版六年级上册陈荒煤的《广玉兰》、季羡林的《夹竹桃》、于谦的《石灰吟》、王冕的《墨梅》,可谓现代与古典的激情相遇,他们无论是从写法的异常相似,还是情感的高度凝练都堪称典范。在进行类文体阅读推进时,我还引入季羡林的另一篇散文《神奇的丝瓜》、杨朔的《山茶花》,给足时间让孩子们去静静地读,细细地品,发现这些"咏物抒情类"文章在写法上的相似之处,孩子们欣喜地发现:文章都是首尾呼应的,开篇直抒胸臆,引起全文,结尾紧扣主要内容总结全文,深化主题;中间条理清晰,层次分明地展开叙事;运用了对比、排比、比喻、拟人等修辞手法。

当孩子们在用上这些方法描摹自己精心观察的植物时,精彩迭出,尤其是那清新大气的谋篇布局、结构安排都在述说学以致用的酣畅淋漓。

刚走到红梅阁门口,放眼望去,就发现红梅阁中似乎全是花,五彩缤纷。红的似火,粉的如霞,白的像雪,美不胜收。再往里走,我发现那红的是梅花,梅花近看虽不如盆栽杜鹃那般美丽,也不像桂花那般香飘万里,但梅花那冰清玉洁的气质,却让人有一种从心里说不出的美感。梅树如同一个个美丽而不起眼的姑娘,有的仿佛在微风中小憩,有的在微风中摇曳。那种美感让人觉得很是舒畅。大批大批的游客在梅树间来回穿梭,拿着相机以梅花为背景,一朵朵盛开的梅花,配上一张张绽放的笑容,好不漂亮。

赏完一年一度的梅花展,我忽然觉得:艳丽,不见得美丽,朴素才是最美的。

(唐一夫)

紫藤开了

一串串挂在嫩绿色的叶子中,几分羞涩、几分柔弱、让人怜爱。紫藤不像大波斯菊一般,盛开在广袤的草原上,坚强而充满野性,它比这我们熟知的格桑花更多了一份楚楚的柔弱;它不像白莲一般高洁,盛开在凛冽碧水之上,散发着卓尔不群的芳香,它比这玉洁冰清的水中仙子多一份邻家女孩的亲切与暖意;它更不像山茶那般直爽而泼辣,在冬雪尚未融化殆尽之时就迫不及待地绽出重叠鲜亮的炫目赤红,而紫藤与它相比,少一份泼辣,多一丝清雅与舒畅。

我最喜欢的是雨后的紫藤。雨后,空气清新,散发着一股泥土的清香,紫藤花的香气并没有被其所覆盖,一如既往地随风散发出清新素雅的芬芳,花瓣间还挂着点点澄澈的雨珠,那风若再大些,那密密匝匝的玲珑花朵一定会同这那如水晶般晶莹的雨珠不停地零落吧。微风乍起,随风飘零时如同浅紫的星星碎屑溅落满地。紫藤的美,总是这么的稍纵即逝,一场雨或一阵风,仿佛都会使它瞬间凋零,使人心里泛起一股怜爱之情,希望留住这一刻的美好,正如此,才会如此珍惜紫藤盛开时的灿烂。开放在雨季的紫藤呵,如文静柔弱的江南少女一般撑着油纸伞,被蒙蒙春雨所笼罩。

美丽的紫藤啊,你这般清朗,这般柔弱,这般馨雅,叫我怎能不爱你呢?

(阮嘉懿)

4. 微型创作

业内人士指出:中国电影正进入一个想象力缺乏的时代已成为不争的事实。中国电影不会讲故事几成通病。中国电影人叙事能力的缺乏是否与我国中小学乃至大学缺乏文学创作教学有一定的关联呢?因为,大量的、潜在的"作家"在我们的写作教学中非但得不到鼓励,反而受到了压制。而借助故事创作来发展学生的想象力、构思力,养护他们的言语创新力,值得尝试!

"微小说"创作案例:

《最后的姿势》《船长》《爱之链》主题单元有相同的写作手法:环境描写;《爱之链》则有让人出其不意的故事情节,这样的故事情节孩子非常感兴趣也非常有意思,孩子很喜欢。于是,我带着他们赏析了与之构思相似的文章《医药费=一杯牛奶》《爱心园》《善是一种循环》,在他们清新地发现每篇文章的情节发展之后,我们饶有兴致地开展了"微小说创编"活动。

创作要求很简单:情节可以根据写作需要自由设计,但想要传递的情感必须是真实可信的。在此指导思想下,他们创作出了一篇篇构思精巧的"微小说"。

一同学以"有梦要追逐"为题创编了这样一则故事:生活在孤儿院的贫苦男孩成木痴迷小提琴指挥,每次怎么进入剧场听音乐会呢,小作者设置了秘密通道:孤儿院的后院通着剧场后院。由于成木的专注痴迷赢得了国际知名指挥大师的赏识,并被收为关门弟子。于是,在梦想与机遇汗水的交织下,成木走向了成功。故事的结尾是成木又来到了当年的剧场,和他一起翻墙的孩子同样作为观众在下面聆听。一切尽在不期而遇中。

有梦要追逐

故事从一个夜晚说起。

今天是周六,照例是金音乐剧场举行音乐会的日子。金,是这个音乐剧场的名字,虽只有一个字,但体现这个音乐剧场务必的荣耀和高贵。在金音乐剧场的附近,有一个孤儿院,矮小残旧的孤儿院与金碧辉煌的音乐剧场形成了鲜明的对比。有一群孩子住在这个孤儿院里,可能是因为住在音乐剧场旁吧,这十三个孩子也都喜欢音乐,其中有一个小男孩,他叫成木,他也爱音乐,而不同的是,他更加热爱指挥,他梦想成为一名指挥家。

下午五点半了,还有半个小时音乐会就开始了,参演的一群小号手、大号手,或是演奏小提琴、大提琴的,一个个穿着黑色的燕尾服,拿着即将表演的乐器,从汽车上下来,走进了音乐剧场。

"他们都是顶尖级别的演奏家啊!"孤儿院里一个叫季伦的男孩躲在一旁,小声地说。

"要是我们也能成为一名演奏家就好了,嘻嘻!"另一个孩子德林说道。

"怎么可能！今天还去看吗？"

"当然！"

当然，他们的"看"法也是与众不同，孩子们经长时间的"研究"发现孤儿院的后院连着剧场后院，只要翻过墙就能到剧场后院，再通过后院的通道就能进入剧场了。在开演前15分钟正是兵荒马乱的时候，只要找准时机，飞快冲过通道就不会被人发现。

和平常一样，几个孩子飞快地溜进剧场，在最后一排坐好。剧场内光芒四射，金碧辉煌，刺眼的灯光使孩子们睁不开眼来。忽然，剧场内一片漆黑，转眼间，一束光投向了舞台上一个与其他人穿着不同却又十分和谐的男子，他就是指挥。他时而双手交错在胸口，时而微举双臂放至半空。乐队在他的指挥下，时而似万马奔腾、时而似潺潺流水……当其他孩子都看得如痴如醉时，成木却在专心致志地揣摩着指挥那优雅的动作，旁若无人地挥舞双臂……指挥用余光观察到了，不禁莞尔一笑，他注意这个孩子很久了，他知道这每一次的音乐会显然不是他所能分担得起的，散场时，他叫住了他……从此，成木就再没回来。

五年后……

那几个孩子都长大了，找了份勉强能维持生计的活。某一个星期六，他们再一次聚到了孤儿院，打算再"看"一次音乐会。这是，一个穿着燕尾服的年轻男子走过来，俯身问道："今天还从后墙翻过墙吗？"就在男子俯身的那一刻，他们看清男子的胸牌：指挥，成木。（阮嘉懿）

还有一位同学以柔润敏感的心灵为我们创作了既让人辛酸又让人振奋精神的故事——

三十二号从明天开始

在一个贫穷的村庄里，吃完了晚饭，母亲为两个哥哥整理好明天上学要用的东西。今天是八月三十一号，明天，两个儿子就要踏上求学之路了。

不知怎么的，外面开始起风了，吹的落叶哗哗的摇，窗户也吱吱地响。

父母刚刚安顿好两个哥哥和小女儿,走出了房门,可父母前脚刚走,小女儿就跟了出来。"爸爸,爸爸,告诉我,今天是几号?"她拉住了父亲的衣袖,睁大了天真无邪的双眼问;"八月三十一号,怎么了?"父亲因为有事,所以想快点打发女儿去睡觉;"那么,后天呢?""九月一号。"父亲有了不耐烦;小女孩的脸上立刻写满了失望和难过,"那么,那么,再后天呢?"她结结巴巴问;"九月三号!"父亲真不耐烦了,"你为什么问这个?"

一道闪电划过天空,紧接着雷声大作,"轰隆隆"

"什么时候才到三十二号?"小女孩鼓起勇气,大声问,"不是说好了嘛?三十二号就可以去上学的!"

外面下起了倾盆大雨。

"这个,这……"父亲迟疑了。

其实,父亲也有自己的苦处。家里没有那么多的钱,只能供两个哥哥去几公里以外的学校去上学,而小女儿却不能。

"爸爸,快告诉我呀!"小女儿哭了,"今天我在和邻村的朋友们玩,他们明天都去上学了,他们还笑我根本没有三十二号! 其实他们是对的!根本没有这一天的!"小女儿哭喊着:"没有,永远没有!"

说完,小女儿哭着跑进雨里,不见了。父亲急忙追了出去。

借着月光,小女孩在雨中拼命跑着,直到再也听不到父亲的喊声了,小女孩穿过了好几条小巷子,来到了邻村的一棵梧桐树的前面,这个夏天,她一直在这里玩耍着。

小女孩仰望着梧桐树,"梧桐树啊,梧桐树,你是我最好的朋友了,告诉我,我什么时候才能去学校上学?"

黑暗里,梧桐树说话了,用清晰的声音说,"别急,会的,但等你父母同意呀。"小女孩绝望了,"没关系,你们可以好好地商量啊。""可是,我家里没有钱,爸爸也不爱我!"小女孩捂着脸哭着。可是梧桐树却沙沙的摇了几下叶子。

过了一会,雨小了下来,夜深了。小女孩慢慢在梧桐树叶的保护下睡着了,她做了一个很美的梦:学校里,她穿着校服,与两个哥哥手拉着手,背着新书包,与同学们一起,漫游在知识的海洋……

忽然,父母的声音传入了她的耳朵里,她醒了。哪里还有什么梧桐树,面前是母亲一张整夜没睡、挂满了泪水的脸。而父亲却翻着日历,喃喃说道:"今天,是三十二日……"

(王祎)

孩子们的精彩创意着实让人拍案叫绝,孩子们都能将链条般的爱、既在意料之外又在情理之中的构思附注人类永恒的主题活脱脱地表现出来。孩子们的故事潜质、创意能力在大量的主题阅读、构思创作中得到了淋漓尽致的展示。

此构思,就是"爱之链"式的构思,就是微小说的创作思维方式。

(二)选材策略

按照写作的逻辑过程,让学生通过写作实践,学会取材、立意、加工、修改,这是任何文体的写作都必须经历的几个环节。

1."探囊取物"法

以"智慧树"为例

学生面对作文题目无材料可写,不知选取什么材料几乎成了不争的事实。如何解决这一顽疾,我引导孩子们栽种属于自己的"成长树"。"成长树"其实就是素材积累本,包含"我发现系列""我阅读系列""我感悟系列"等等,孩子们及时将自己的观察、发现,所闻所感记录在案。为保证"成长树"上结出有质量的、丰硕的成果,我们每周都有一节20分钟的小课集中交流、记录自己的素材。当他们有了随时记录素材的习惯,写作文时选择材料自然就得心应手了。

2."按图索骥"法

叶圣陶先生对作文选材有精辟的论断:作叙事文的时候,要先确定主想。主想一定,然后将材料依主想来选择,与主想有关系的便取,无关系的就舍。

以"军营原来是这样"为例

在写作"军营畅想曲"时,学生们的思维可以自由驰骋,每个人都可以怀揣自己想象中的军营生活,立意是多元的;而写作"军营原来是这样"时就发现学生写的内容非常散,主要想表达什么意思都心无定数,这其实是写作的大忌。一篇文章必须有作者想表达的主要意思。于是,我们一起聊军营带给自己的独特感受。通过交流,发现孩子们的主要意思集中在苦、累、严厉、温暖、规则的不可侵犯,毅力的考验等方面。为了教会他们围绕一中心选择材料,我建议他们先确定最有话说的中心意思,即叶圣陶先生倡导的"主想"。中心一定,我就继续和他们聊:军训中哪些环节(或细节)最能反映你的中心。我们一边聊,一边围绕中心筛选有说服力的材料。

孩子们很快就心领神会。以"严厉"为中心的细节材料有:第一次整队时撩头发的都被拎到前面;队列训练时有半点不符合要求都要反复练习;第一次吃饭时因太吵停止就餐使得多数队员没吃饱饭,就餐时一有声音就全体起立直至鸦雀无声。

以聊天的方式交流,想学生所想,思学生所思,能让学生确立"我的材料我选择"的意识。

经历此番思维过程,学生再来写作,不但意思集中,且得心应手,个性鲜明。

原来军训是这样的

在我的心目中,军训一定是艰苦的,军训是纪律严明的。在为期三天的军训后,才发现军训生活是有苦也有乐的,是五味杂陈的。

军训是苦的。军营最大的特点就是苦,这是我意料之中的事,也是我必须战胜的事。我们每天都要进行集训,晚饭后也不能回宿舍休息,还要唱军歌,一整天都被挤得满满的,令我喘不过气来。

军训是酸的。在军训的最后一个晚上,我们在军营里读着父母寄来的信,同学们个个热泪盈眶,回想在军营的生活的种种,再读爸爸妈妈深情的来信,我不禁鼻子一酸,眼泪止不住从脸颊淌了下来,真情实感在笔尖流露,诉说着对父母的思念,表达着对父母的感恩。

军训也是辣的。辣,一部分是因为教官的严厉,一部分是因为军训的激情。教官在平时待我们十分严厉,每当谁有小动作,立刻会被惩罚,训练时雷厉风行,容不得半点马虎。军训的激情则体现在大家唱军歌的时候,每一句都唱得格外洪亮,每一句都唱出我们的心声,每一句都传承着军人的精神——"团结就是力量,这力量是铁,这力量是钢……"

有时候军训也是甜的。平时在宿舍里,同学们开开玩笑,大家互相帮助,军训的苦立刻化成了甜。并且,在最后的队列表演中,我们班荣获了第一名的好成绩,心里自然比吃了蜜还甜。

五味杂陈的军训,将是我小学生涯最浓墨重彩的一笔。我永远也忘不了2013年的秋天,我们军训了!这年,我和同学们一起分享了军训的苦辣,也收获了军训的酸甜。

(许冠周)

军训生活原来是这样的

盼星星、盼月亮,总算盼来了我们的军训生活。到了那里,我才知道真正的军营生活和我们想象中的是截然不同的。

军营生活是艰苦的。在训练的时候,站就要像一棵松,笔直笔直的,不能动一下,动一下就要被教官拉到队前训话,还要蹲着。即使有虫子爬满你的脸,天塌下来也不能动一下,一切行动听指挥。徐嘉钰因为打喷嚏没打报告就被教官拉到队前蹲下训话,十分没有面子。在吃饭的时候,因为太吵,有好几次只吃了一半就被叫走,都没有吃饱。

军训生活也是快乐的。在宿舍里,我们玩真心话大冒险,各种"惩罚"让我们开怀大笑,使我们得到了彻底放松,也感到军训原来并不可怕。

军训生活还是温暖的,互相关心的。在训练时,老师不停地在我们前后拍照,放到网上,让担心我们的家长放心下来,也让他们为我们感到自豪。在午睡时,教官不停地来巡视,看我们睡觉没有。可我们还不懂事,一直在讲话。晚上,我们都睡着了,老师还轻手轻脚地来帮我们盖被子,来看我们有没有不适的地方。在早晨,因为要起得很早,一个宿舍的人醒了,一定也会把另一个宿舍的人叫醒。

军训生活是艰苦的,同时也是快乐的,是温暖的,也是互相关心的。原来军训并没有我们想象中的那么可怕!

(薛乃嘉)

军训原来这样

其实,军训生活比我想象的苦多了。我们一天中最期望的就是吃饭和睡觉了。

军营生活是"无情"的。教官把我们带到了一片空地,开始站军姿,立正一般都要1小时左右,不能动,要动就要打报告。有一次,一个同学的头发被风吹了,她为了不让头发乱飞,用手抓了回来,谁知,教官的木条毫不留情地向她抽去,还罚她喊10遍报告。

该吃饭了,大家叽叽喳喳的,教官让我们安静,开饭。正当大家狼吞虎咽地吃了起来时,因为声音太大,教官大叫一声"都别吃了,放下,回宿舍去!"我们只好饿着肚子回宿舍午休了。

军训是有成就的。结营仪式训练时,我们班表现得最出色,声音最响亮,当结营仪式正式开始的时候,我们班同学的家长都来了,我们表演得十分给力。原来散兵游勇的行进队伍不见了,取而代之的是动作划一的齐步前进;立正时东望西望的情景没有了,取而代之的是望着前方,严肃认真的情景。最后,我们以优秀的训练成绩获得了"最佳班队集体"的光荣称号,大家都很开心,也都很有成就感。

这次军训,我们人人都收获很多:不仅体验了军营生活,更磨炼了大家的意志。

(杨雨橦)

军营原来是这样

来到了我无比向往的军营,我就不只是一个学生了,而是一个真正的军人!

戴上军帽,穿着威风凛凛的迷彩服,我就成了军人。在训练场上,我无不自豪和激动。在那里,我们学会了基本的队列动作,稍息、立正、跨立……动作看似简单,在体育上也有类似的训练,但在这里,每一个动作都讲究"快"和"齐",做完一个动作后就得纹丝不动的保持住,我们唯一能动的就只有呼吸和眨眼睛。那是8日的上午,我们为了准备下午的仪式,我们稻草人似的站了一个多小时,而休息的时间却不到十秒钟,就再次迅速站了起来,投入到训练之中,一遍又一遍地训练下蹲,起立和齐步走……啊! 这就是军营的生活。

军营过集体生活让我养成了早起的好习惯。第一天晚上,整个宿舍里的人都兴奋的玩耍,不亦乐乎,9点半才睡。第二天早晨,爱睡懒觉的我竟然自然醒了。第二天训练下来,很疲惫,也顾不上玩了,倒在床上就能入睡。因为早晨6点钟得起床。我怕起不来,预先设了闹钟,但没闹。但没想到的是,我居然在6点钟自然醒了。还真像一名军人呢!

三天的军营生活虽然充满艰辛,但紧张、有序。它不仅锻炼了我们的体质,还让我养成了早起的好习惯,磨炼了我们的意志。

哦! 军营原来是这样啊!

(翟澍)

军营原来是这样

三天的军训结束了,总结起来就是:又苦又累。

哦,军营原来是这样:纪律严明。我们站在队伍里,被寒风呼呼地吹着。冻得我们缩成了一只只乌龟。"向右看齐,向前看。"教官严肃地说。我们立刻排成四行,生怕被教官训话。xxx同学实在是忍不住了,说了一两句话,果然被那教官火眼金睛看到了。"真惨啊"我心想着。那位同学吓得连教官问他(她)问题也不回答。惩罚是喊十次报告,必须喊的很大声,不然呢,重喊! 可见这位教官多严厉,纪律看得很严格呢!

哦,军营原来是这样:充满温馨。在7日的晚上,我们怀着无比激动的心情来到食堂写信。有许多同学含着眼泪写下了自己真实的情感。我也不例外。有许多同学写了军训的苦和累,我是写了军训的快乐。

  参加这次军训后,我想:当一名军人是多么不容易。要不怕苦、要不怕累才行!从而可以锻炼自己的独立性。

  哦,原来军营是这样!

(刘馨月)

  从上面的习作可以看出,他们都具备了围绕中心去选择材料的能力,而这正是习作教学的重点和难点所在。只要我们教师有明确而科学的指导方向,学生定能给我们意想不到的惊喜,关键在于,我们教师要做到教有方向、导有方法。

  材料的取舍,不是材料本身的重要与否的问题,而是与主想的关系重要与否的问题。对于材料能精于选择、取舍是作文的第一步,也就是作文方法的一切。

  3. 生活"三视"法

  将课标串起来看,习作目标从低段的"对写话有兴趣,写自己想说的话(写出自己对周围事物的认识和感想)"到中段的"留心周围事物,乐于书面表达,增强习作的自信心",最后过渡到高段的"养成留心观察周围事物的习惯,有意识地丰富自己的见闻,珍视个人的独特感受,积累习作素材"。不难看出"观察周围事物"是小学阶段习作素材的主要来源,并在进入高年段后对于素材的积累有了明确的要求。因此,在高段习作的选材教学中如何激发学生的"有意识"选材极为重要。

  记叙文的素材来源于学生生活的三个方面:学校生活,家庭生活,社会生活。经过一系列的调查后发现,学校生活占了大部分,其次是家庭生活,社会生活比例较小。有一定因素是因为学校生活的时间长,亲身经历的事情冲突性较强,可写的事情比较多。可是对于行文结构,写作技巧已趋于成熟的高年级的学生来说,对于选材却变得越来越陈旧与俗套。以前写的文章继续套用,"让座"式文章反复出现。许多含有打安全牌的原因,然而这只要分数的治标不治本做法,对于学生未来的写作之路只有坏处。

对于提高高年段学生习作选材能力的策略一直以来都是教师的研究重点,大家都在探索和实践中。在学生进入五年级后,我们可以采用"生活'三视'策略"的实践,现以我校一位老师关于"热"的习作选材教学为例呈现提升学生选材能力的具体策略。

第一步:凝视

(1)有意注意

素材来源于生活,因此具有一双发现的眼睛尤为重要,身边的事就像放映机一样一个个画面过去,谁能发现并留在脑海,他的素材库就会多一份积淀。

以"热"这一主题为例,习作课上我让学生去校园里发现"热",半节课后教室集中,学生带来的发现还较为常规——操场上正在上体育课的师生汗流浃背、花草树木枝叶干枯等。很显然,学生能依据需要的主题去有意识地寻找需要的素材。不管怎样,这是常规的也是踏实的第一步。

(2)静心凝神

光是关注到周围事物还只是个开始,所谓"生活有心人",如何"有心",如何"用心",需要学会"凝视"生活。即要引导学生学会多角度观察事物,自然而然重点部分就会浮现。剩下的半节课时间,我继续让学生去观察,在自己找到的素材中,选出一个最感兴趣的,至少要找出它两处突出的"热"的表现。再次去寻找"热",学生明显目的性比较强了,有的学生为了能观察操场上师生的热的表现,在烈日下足足站了十多分钟;有的学生为了观察烈日下和树荫下的不同,在银杏树下走来走去十多次……再次回到班级集中时,学生的记录本上的文字已经丰实了很多。

第二步:审视

搜集的素材很多,是不是什么都能用?显然不是。这时,需要一个删选的过程,许多老师认为,选要选有夺人眼球的,删要删平淡无味的。确实,这样的选择会增加读者的兴趣。但我觉得,在选材过程中注入学生的审美才是最重要的,先要让素材成为他们要写的,才能保证写作的积极性和投入度。

(1)审美愉快

"审美是在理智与情感、主观与客观上认识、理解、感知和评判世界上的存在。"写作流露出作者的喜怒哀乐,感性与理性的学生在面对同一事物时的感受是不一样的,故产生的审美冲击点也不同。这时,教师要保护好这些珍贵的感受,在学生对自己的发现产生愉悦之感的同时,指导学生做简要的记录,有多少记多少。

学生在完成多角度观察后,我让他们在记录本上写下自己的感受,有多少写多少。在交流的时候发现,多味情愫呈现:有讨厌烈日的,有感叹夏日威力的,有挥洒汗水感到过瘾的,有对季节感到好奇的……明显能感受到学生触摸"热"的真情。

(2)审美判断

情感已经被学生感受到并留下记录,选材进程进入到了关键时刻——从多种情感中进行筛选。在发现可写素材之后,需要根据学生自身的情感对材料进行甄别,选出自己最想表达的对"热"的情感。教师可以进行指导,但不要影响学生的关注点,否则对于后期成文的"真情实感"产生障碍。在判断过程中,学生没有表现出困惑感,很快就选好了自己需要表达的内容,甚至有些迫不及待地想要表达出来。

第三步:珍视

(1)素材的回顾

至此,在选材方面,教师可以进行分层教学,对于擅长写作的学生可以指导他们再次回顾自己搜集的素材,是否完美地契合了自己要表达的情感,如果觉得还缺少些什么,建议他们走出校园,用上之前观察与删选的方法在更广的生活中去寻找自己需要的素材。因为生活是个全面的素材库,如果给学生画了观察圈也就限制了学生的观察力,更是框死了思维。

(2)素材的精选

当收到学生的作文后,欣喜地发现他们的题材十分广泛,有"达尔文"式的观察(从动物角度描写),有与植物"身心合一"的(童话),还有品尝"太阳餐"的(用太阳做荷包蛋)……可以看出,学生在选材方面有了"精挑细选"的意识,所出成果必是珍品!

美味的"太阳餐"

在暑假里,我的"新陈代谢"异常之快,以至于整个暑假里我做得最多的事就是吃了,有时粮食还不够供应呢。

在8月上旬的一个中午,虽然吃了一大碗饭,可依旧肚皮扁扁,饿得我头晕晕的。没有剩饭,没有零食,家里几乎一贫如洗,竟然连点吃的也没有,真倒霉。

突然,我想起冰箱里面还有鸡蛋和香肠呢,想到这里,我的口水都要流出来了。正当我高兴的时候,一个晴天霹雳"打"得我手足无措:怎么烧。

我又陷入了沉思……有了!都说今年夏天的太阳是最毒的,那好,我亲手试试用太阳烤食物。首先,我拿出了一个鸡蛋和一根香肠。因为从冰箱里拿出的东西很冷,所以生吃会拉肚子的哟。接着把鸡蛋敲碎并放进平底锅里。拿一个铁盆,把香肠切成块并放在铁盆靠边的地方,好让香肠更多地吸收阳光。然后,把平底锅和铁盆分别放在不同的地方,而且要确保全都要晒到太阳。在摆放过程中,太阳好像刁难我一样,把铁盆烧得滚烫,我的手都红了,看来做一份"太阳餐"也不容易。但我很高兴,因为我用实际行动证实了太阳很毒辣。最后当做好准备工作时,剩下的就只有等待了。

我迫不及待地等着,希望能马上变熟。时间一秒钟一秒钟地过去了,好漫长哦。我不断地抱怨熟得太慢,恨不得让太阳的火力变到最大。突然间,一个细小的气泡从鸡蛋边缘爆炸了,锅底的油溅了出来。"哇,有效果了!"紧接着,一个又一个的气泡接二连三地鼓起来然后爆炸。鸡蛋的边缘慢慢地变白,变厚。又过了一会儿,蛋黄也变成深黄色的了。香肠也变得红彤彤的,而且靠铁盆的那一面竟然已经焦透了!"太阳餐"做好喽！我十分自豪。香肠的气味使我垂涎欲滴。我细嚼慢咽，悠闲品尝着，太美味了，就算添油加醋也没有天然形成的口感。太阳也会做菜，还会做好菜呢。我吃了太阳做的菜，心里特别满足。

"太阳餐"香味扑鼻，润滑可口，我感到了"太阳餐"的美味和大自然的神奇。大自然是一位母亲，她时而凶狠，时而温柔，如果我们学会使用她爱护好，那么，不仅我们的生活会变好，万物的生活也会变好。

(张堉鹜)

生活"三视"策略对于提高学生选材能力是有一定帮助的，这种策略强调的是让选材回归于生活，从学生本体出发，选出最生活的，最具情感的，最真的素材，让写作源于学生的内心，用文字去描绘学生心中的世界。

4. 特点聚焦法

学生写作文往往不能聚焦主要特点选择材料，即使是他们喜闻乐见的卡通人物故事的编写，也有形象不够鲜明之感。如何指导学生创编个性鲜明的卡通人物形象，我的做法是紧扣特点，时时回扣特点。

下面以苏教版四上《习作六》为例，谈谈我的做法：

读故事，感受人物特点。

现在的孩子生活中并不缺少故事，从他们幸福地躺在妈妈的腹中到牙牙学语，再到日常学习的不断熏陶，故事已成为他们生命的重要构成元素。可以说，谈到故事，孩子们就能滔滔不绝。但有着丰富故事储备的孩子是不是就能轻松自如地编出特点鲜明的人物故事呢？实践证明，让他们自由发挥，想怎么写就怎么写的要求都能达到。而作为自我表达与交流需要的习作言说，你到底要传达给别人什么信息，这就涉及你行文的目标指向；作为要达成故事"生动的故事情节、鲜明的人物特点"这一潜在目标，你怎样在不限制他们思维、任其自由言说的视域之内水到渠成？

为让学生在"游泳中学会游泳"，充分感受到人物特点，我以学生学过的《哪吒闹海》《日月潭的传说》为情境依托，利用专门时间带领学生走进故事的完整情节，和他们一起来尽情谈论故事中的人物形象。学生很快便沉浸在他们喜欢的神话故事情节中,哪吒的勇敢、大尖哥和水社姐的为民造福的形象也就深深地留存在学生的心中。

紧接着,我引导他们搜集自己最喜欢的卡通人物的有趣故事,在班级开展"我最喜欢的卡通人物"主题活动。

可以想象,在他们搜集资料,确定讲述故事的过程中,他们已经对卡通人物的鲜明特点进行了前期辨析、取舍,这样的故事搜集为学生成功进行创编人物故事起到了不着痕迹地熏陶功效。相反,如果跟四年级的孩子讲"要将故事编得生动点,要写出人物的特点"纯技术层面的知识,他们不仅不能心领神会,反而会削弱对创编人物故事的热情。唯有用故事来熏陶感染他们创编故事的情感,才能做到自主创编与妙趣横生完美结合的双重功效。因此,可以毫不夸张地说,学生的作文大多数是"熏"出来的。

讲故事,提炼人物特点。

"我最喜爱的卡通人物故事"交流活动开始了,大家对自己最喜爱的卡通人物侃侃而谈:团结勇敢的葫芦娃、机灵调皮的米老鼠、聪明勇敢的名侦探柯南、智慧果敢的皮卡丘、美丽善良的白雪公主……

在他们讲述的过程中,我相机将他们介绍的卡通人物的鲜明特点板书在黑板上,并提醒学生领会这就是这个故事传递给我们的重要信息。

毋庸讳言,一些学习能力、搜集处理信息能力比较弱的孩子在选择"能说明卡通人物特点的故事"这一环节中显得有些力不从心,甚至是搜集的故事比较泛化。即使给大家讲了半天,对其到底要讲述卡通人物的什么特点,要传达给大家什么信息还是显得不知所云。说到底,这部分孩子的选材能力比较低。

而作为学生作前指导者的教师,此刻"导"的作用应该充分发挥,从而为学生学会选材做润物无声地点拨、引领。

我是这样做的:先请在作文能力、讲故事能力、搜集处理信息能力比较强的学生上台讲述自己精心搜集的故事。对这部分学生,我要求他们在讲述前先向大家介绍一下"我今天给大家带来×××(谁)的×××

(特点)故事"。实践下来,当其他学生带着"先验"在听故事时,他们会自然而然地用既定的人物特点去关照他下面的行文。听完故事,有些学生则会初步地对该同学所讲的故事进行"评头论足",他们能主动进入他人故事,说明他们已进入故事,成了故事人,这值得庆幸的;而对于那些作文能力比较弱,所选材料特点不够鲜明的同学,在其讲述的过程中,我会有意识地告诉他们:你是想告诉大家……他还有这样的事例吗?进一步帮学生从多个角度来选择适合的材料;而当他们讲了半天都不知在表达什么意思的同学,我会适时地打断他的发言,对其进行启发:它身上的什么在吸引着你,或它的哪件事在震撼着你,让你对它情有独钟?学生在我的旁敲侧击下,他们大多会豁然开朗。

毕竟学生的知识积淀、审美角度、欣赏水平各有千秋,而创编人物故事的切入点也是因人而异的。因此,我在听他们故事的过程中,努力从他们每个个体已有的欣赏水平、经验世界出发,在他们原有的经验水平上适时地提他们一把,以期让每个孩子都能讲出自己想表达的又能符合故事要求的人物故事。

说故事,勾画人物特点。

在学生经历读故事——谈故事——找故事——讲故事的系列互动之后,他们对故事应具备的起因、经过、高潮、结果的基本环节,以及对故事要通过具体的事例来刻画人物的鲜明特点已逐步获得情感上的趋同。

而这些知识的获得、重难点的突破都是在师生的共同经历、亲身体验中自然悟得的。在建立学生故事与特点、生活与情感的元认知之后,学生脑海中一个个鲜明的独具个性的卡通形象便喷薄而出。此时因势利导:如果让你也来创编一个卡通人物的故事,你打算编谁?怎么编呢?此语一出,学生则群情激奋,大有跃跃欲试之感。

在经过简短的讨论之后,我们便达成了此次创编卡通人物故事的基本要点:可以抓住现有卡通人物的特点编一个我们见听到过的故事;可以自己重新设计一个卡通人物,编一个符合它特点的新故事;也可以选择将两三个卡通人物放在一个故事里,编一个完整的故事,但必须要突出他们各自的人物特点,让人一看就能留下深刻的印象或给他人以启迪。

此环节,我通常让不同层次的学生都能说出自己的构思,在倾听他们构思的过程中,我会故意地设难问疑,以发现学生在取材、构思上的独特之处,借机启发其他学生。或及时地帮助他们少走弯路,紧紧按照此课的习作要求确定行文思路。

当大家在彼此的互相启发、引导,有了明确的思路之后,我便诱导他们及时地将自己的创意记录下来,从而将自己设计的趣味故事、人物形象、离奇情节深深定格在心中,跃然纸上。

评故事,升华人物特点。

作后讲评是引导学生写出精彩作文的重要环节,也是习作教学的重要组成部分。每次的作后讲评,我都会精心策划,试图在宽松愉悦的氛围中,用他们喜闻乐见的活动形式将其置身其中,在师生、生生的彼此闲聊调侃中进一步完善习作,提升习作质量。

当学生完成本次习作之后,我带领学生在班级召开了"卡通人物故事新闻发布会"。为使发布会新颖,富有创意。大家还根据自己创编的卡通人物形象,结合他们精心想象的故事,制作成一张张形象养眼的宣传海报。

新闻发布会上,学生自然是发言人,是主角。我则充当双重角色:记者和听众。记者自然会采访一些感兴趣的问题,比如"的×××特点给我留下了很深的印象。生活中,能说明这个特点的事例一定很多,能再向大家透露一例吗?""我发现这位同学为自己创编的卡通故事取了一个非常棒的名字,但看这题目,我就有想听它故事的冲动了。我相信,其他的作者也一定能带给大家带来这样的新鲜感。"(有的同学已若有所悟,开始修改自己的作文题目了。)有时我也将自己当作一普通听众。当他们在上面讲时,我在下面静静地听着,听到一些词语用得不够恰当或意思不够明确时,我会虚心地向他们请教,直至他们将意思表达清楚为止;有时当一些同学的某个细节描写得非常精彩,能更加鲜明地烘托出人物特点时,我会"拍案叫绝",向他们送去肯定的话语和鼓励的眼神。当然更多的则是说说我听了这些精彩段落(哪怕是一个细节)后感受。我之所以这样放大他们的优点,目的是给其他同学一点启发。让人欣慰的是,每当学生听到我的推荐,或其他同学的精彩点评,他们都会拿出笔,默默地修改自己的习作。

当然,在有些学生所选择的事例不能很好地刻画他笔下人物的特点时,我也会请其他同学一起来帮他策划一个新事例,或给发言人出谋划策,提出一些真知灼见。从而让他们创编的卡通人物形象特点更加鲜明,生命更加丰盈。

总之,在作后讲评环节,无论我和学生开展怎样的活动,抑或我充当什么样的角色,甚或我怎样地大加赞赏、故弄玄虚地质疑问难,目标只有一个:帮助他们拓展选材的思路,启发他们学会取长补短,吸纳精华,为我所用。

活动完毕,我总会腾出时间,让他们结合意见(讲评前,我总会根据每位学生习作中存在的问题,给他们提出切实可行的修改建议),根据自己的临场收获来潜心修改自己的文章。此时,让他们学会用自己的笔修改自己的文章、思路,引领他们养成自我修改习作的习惯是我另一教学价值,也正是学生需要达成的作文能级素养。

附:学生习作

八戒考状元

江苏省常州市实验小学四(6)班　王晓雨

自从八戒西天取经回来后,就一直在天庭享受"净坛使者"的清福:整天有宫女伺候,锦衣玉食,连走路都不知道先迈哪条腿了。不知不觉间,脸更肥,耳朵更大了。

有一天,玉帝来看八戒,发现八戒浑身懒骨,吃了一惊,就想给八戒找一份苦差事:"八戒,你愿意去看守蟠桃园吗?"八戒回想起当年猴哥偷吃蟠桃的经历,暗自窃喜,二话不说就答应了。玉帝见八戒答应得如此爽快,就料想到八戒会趁机捞点便宜,严肃地八戒说:"要是少了桃子,唯你是问。"八戒听到这里,心顿时凉了一大截,喃喃自语道:"看来这个懒是偷不成了,还是自认倒霉吧!"

其实,八戒也不是经常偷懒,他经常让土地神看好蟠桃园,自己一溜小跑到猴哥的斗战胜佛府里去玩。不幸的是,八戒一次擅离职守被玉帝逮到了,玉帝就取消了他"净坛使者"的称号。被玉帝抓到后,八戒就开始战战兢兢、鞠躬尽瘁地治理蟠桃园。玉帝见他真心悔改,就又恢复了他"净坛使者"的称号。八戒呢,是好了伤疤忘了疼。见人间十分热闹,又萌发了去人间游玩的念头。八戒趁玉帝去五台山烧香的空隙,唤出土地神,好生叮嘱,并将自己的九齿大钉耙借给土地神。土地神一见到好玩的钉耙就一口答应了下来。正说话间,八戒已摇身变成一英俊潇洒的青年男子乘着祥云降临人间。

八戒到人间后,东逛逛,西逛逛,好不自在。他看中了一些小玩具就急不可耐地想买,可一摸口袋却发现分文没有。这下八戒可犯愁了。可八戒毕竟不是凡人,只见他一拍脑门:我不是跟猴哥学过72变吗?想到这儿,八戒就拔下一些毛发,轻轻吹上一口仙气,嘿,顿时手里出现了一枚枚金币。就这样,八戒用10枚金币买了一个草编知了和20个馒头。

俗话说:江山易改本性难移,八戒虽换了外表却难改贪吃的习性,边走边狼吞虎咽地吃起来。

正走着,八戒发现一大群人在看榜文——

市民们:

我的"挑战一百分作文班"开班啦,报名火热进行中,如有需要,请拨打电话139XXXXXXXX.

猴子老师
XX 年 XX 月 XX 日

八戒看了榜文后想:我已经是武状元了,如果我再成为文状元,岂不是文武双全! 想到这儿,八戒就报了名。

猴子老师对同学们说:"同学们,今天是本学期第一节课。这堂课是这样安排的,我们先来学习想象作文怎么写……想象作文就是……

比如20年后的我将是什么样的人,我正在从事什么事情……"八戒得到猴子老师的一番点拨,立即文思如泉:我以后会成为一个发明家,发明出一些价廉物美的物品……猴子老师见八戒文笔如此流畅,就单独指导八戒。

有了猴子老师的精心指导,加上八戒的刻苦用功,八戒终于在一年一度的作文比赛中从众多参赛选手中脱颖而出,一举成为"文科状元"。

玉帝得知此事,非但没批评八戒擅离职守,还表扬八戒文武双全!

创编卡通人物故事需要抓住故事中主要人物的特点,其实,无论是写人类文章还是写小动物,我们都可以抓住人物、动物的主要特点,然后围绕主要特点去搜集相关的材料,能突出主要特点的材料就用,不能反映主要特点的材料就舍弃。

在中年级学生学会观察动物外形特点的基础上,如何写出小动物特有的个性特点,这是有一定难度的。如何化解这一难点?根据高年段学生的发展水平,他们完全有能力去自悟自得写作的妙法,而无须教师生硬的讲解。教学时,我引入了丰子恺的《鹅》,让他们思考作家是通过怎样的事例来写出鹅的傲慢、令人发笑的。

鹅的叫声,与鸭的叫声大体相似,都是"轧轧"然的。但音调上大不相同。鸭的"轧轧",其音调琐碎而愉快,有小心翼翼的意味;鹅的"轧轧",其音调严肃郑重,有似厉声呵斥。它的旧主人告诉我:养鹅等于养狗,它也能看守门户。后来我看到,果然凡有生客进来,鹅必然厉声叫嚣,甚至篱笆外有人走路,它也要引吭大叫,其叫声的严厉,不亚于狗的狂吠。狗的狂吠,是专对生客或宵小用的;见了主人,狗会摇头摆尾,呜呜地乞怜。鹅则对无论何人,都是厉声呵斥:要求饲食时的叫声,也好像大爷嫌饭迟而怒骂小使一样。

鹅的步态,更是傲慢了。这在大体上也与鸭相似。但鸭的步调急速,有局促不安之相。鹅的步调从容,大模大样的,颇像京剧里的净角出场。这正是它的傲慢的性格的表现。我们走近鸡或鸭,这鸡或鸭一定让步逃走。这是表示对人惧怕。所以我们要捉住鸡或鸭,颇不容易。那鹅就不然:它傲然地站着,看见人走来简直不让;有时非但不让,竟伸过颈子来咬你一口。这表示它不怕人,看不起人。但这傲慢终归是狂妄的。我们一伸手,就可一把抓住它的项颈,而任意处置它。家禽之中,最傲人的无过于鹅,同时最容易捉住的也无过于鹅。

鹅的吃饭,常常使我们发笑。一日三餐,它需要三样东西下饭:一样是水,一样是泥,一样是草。先吃一口冷饭,次吃一口水,然后再到某地方去吃一口泥及草。大约这些泥和草也有各种滋味,它是依着它的胃口而选定的。这食料并不奢侈,但它的吃法,三眼一板,丝毫不苟。譬如吃了一口饭,倘水盆偶然放在远处,它一定从容不迫地踏大步走上前去,饮水一口,再踏大步走到一定的地方去吃泥,吃草。吃过泥和草再回来吃饭。这样从容不迫地吃饭,必须有一个人在旁侍候,像饭馆里的堂倌一样。因为附近的狗都知道我们这位鹅老爷的脾气,每逢它吃饭的时候,狗就躲在篱边窥伺。等它吃过一口饭,踏着方步去吃水、吃泥、吃草的当儿,狗就敏捷地跑上来,努力地吃它的饭。没有吃完,鹅老爷偶然早归,伸颈去咬狗,并且厉声叫骂;狗立刻逃往篱边,蹲着静候。看它再吃了一口饭,再走开去吃水、吃草、吃泥的时候,狗又敏捷地跑上来,这回就把它的饭吃完,扬长而去了。等到鹅再来吃饭的时候,饭罐已经空空如也。鹅便昂首大叫,似乎责备人们供养不周。这时我们便替它添饭,并且站着侍候。因为邻近的狗很多,一狗方去,一狗又来蹲着窥伺了。邻近的鸡也很多,也常蹑手蹑脚地来偷鹅的饭吃。我们不胜其烦,以后便将饭罐和水盆放在一起,免得它走远去,让鸡、狗偷饭吃。然而它所必需的盛馔泥和草,所在的地点远远无定。为了找这盛馔,它仍是要走远去的。因此鹅的吃饭,非有一人侍候不可,真是架子十足的!

有了前期的学习、吸纳,他们再来构思写小动物时,就会有意识地围绕主要特点来选择材料。

附上学生佳作

仓 鼠

仓鼠，一种生活在亚洲的，喜欢独居的鼠类。因为它们喜欢把食物藏在腮的两边，再到安全的地方吐出来，所以"仓鼠"的名字由此而来。

仓鼠的外形很有特征，它那尖尖的脑袋上嵌着两颗黑米粒般大小的眼睛，眼珠机灵地一眨一眨的。向外凸起的小尖嘴旁留着两撇小胡子。肥硕的身体后面拖着一条细细短短的尾巴，可爱极了。

仓鼠温顺、听话。我们一拍它那大大的屁股，它就乖乖地趴下了；我们一碰它那尖细的爪子，它就跳到了运动圈上。即使我们摸摸它那短小的尾巴，它也不咬我们。

其实，仓鼠还很胆小呢。如果它在运动圈上跑时，把阶梯拿掉，它就会在上面急得团团转——它下不来啦。即使只有5厘米的高度，它也不敢往下跳。只要我们把笼子斜过来，它就会吓得面如土色，拼命往上爬。

由于它们外形可爱、性格温顺，所以现在有很多家庭都把它们当宠物饲养，而它们也渐渐和人类成了好朋友。

（姚紫陌）

八哥妙妙

江苏省常州市实验小学五（3） 李宜珈

一身像黑绸缎一样的羽毛，又细又尖的小嘴巴，黑珍珠一样的眼睛，再加上一双黄色的爪子，这就是我家的新成员——小八哥妙妙。

妙妙本来没有名字，因为我妈妈立志要让这八哥学会猫叫，所以老是教它"喵喵喵"，"喵喵喵"，久而久之，八哥没学会猫叫，妙妙倒成了它的名字了。

妙妙特别贪吃。看到有人走过，一张小嘴立马就一张一张的，好像永远都是饿着肚子似的。再看看它的身材，作为一只鸟来说实在是太胖了一些，可是当它用那黑珍珠似的眼睛可怜巴巴地看着你，那可怜又可爱的样子准会让你心软，给它夹条它最爱的面包虫。嘿，这不，还没等我走近，它的嘴巴就伸出了笼子，期待它的美食了，真是十足的"馋哥"。

妙妙喜欢唱歌。每天清晨，它就像闹钟一样准时，开始了它的个人演唱会。时而学黄鹂般清脆婉转，时而学夜莺般低吟浅唱，当然有时候也会像公鸭般聒躁，总之每天早晨我家的阳台都是热闹非凡。哈哈，有了妙妙的歌声，我家都不用闹钟啦！

你认识它了吗？它就是我家的那只贪吃又爱唱歌的八哥妙妙！

通过事例表现一个人物的特点是高年级写人类作文应达到的目标，如何避免学生作文的泛泛而谈，在他们动笔写之前，让他们确定好人物的主要特点，然后选择能突出其特点的材料是非常重要的。筛选材料虽然比较费时，但只要他们养成根据特点选择材料的意识，他们的作文就会重点突出。

咱班的"大胃王"

江苏省常州市实验小学四(3)班　周宏怡

陈煦亮个子不高，瘦瘦的，胃口大得惊人，同学们亲切地称他为"大胃王"。

吃饭铃声一响，他就四脚生风，如离弦之箭向门外窜去。当同学们都陆陆续续拿着饭盒回来时，唯独不见他踪影。正纳闷间，我发现一个瘦瘦的身影正从我眼前掠过。这不是陈煦亮吗？只见他满教室乱窜，仔细一看，陈煦亮正挨个儿向同学们要菜。仔细看一眼他的饭盒，你肯定会被惊呆：妈呀，粉丝已经堆积如山了，险些要掉下了。我望着他哭笑不得，心想：要了这么多的粉丝你吃得下吗？

终于，陈煦亮回到了座位，只听得"吸尘器来也"，他便狼吞虎咽地吃了起来。就在我寻思他能否将菜吃完时，他的碗里已风卷残云般所剩无几。真不知他的胃是什么做的，能承担如此重荷。

可不是，他的大胃口还远远不止这些呢：今天吃牛排，他饭盒中的牛排肯定有二块或二块以上；明天吃鸡翅，他的饭盒里保准是"鸡翅如山"。总之，只要是他喜欢吃的菜，饭盒里总会变戏法似的满满的。

这就是我们班的大胃王——陈煦亮。

"快手王"

江苏省常州市实验小学四(3)班 陈苏瑶

妹妹是个名副其实的"快手王"。

有一次,妈妈带我们回家,汽车刚熄火,还伴随着发动机"嗡嗡"的余音,妹妹就打开车门,跳下了车。"你们干嘛这么急着下车,还有西瓜没拎呢!"妈妈一边说一边开另一边的门准备拎西瓜。只见妹妹像旋风一样"刮"到西瓜旁,在妈妈没回过神来的一瞬间,以光速＋刘易斯的速度把西瓜拎在了手里。"咦,西瓜呢?"妈妈奇怪地东张西望,随即指向妹妹手中的西瓜笑着说:"哈,原来被你拿去了啊!"妹妹提了提手里的西瓜,得意地笑了。

每次做作业,妹妹都比我快。这也许就是我封她为"快手"的原因吧。

"今天作业好多啊!"我一回家就抱怨起来。妹妹听了撇撇嘴:"我的更多!两面补充习题、默写、抄写 U7 单词……"我没心思听她往下说,快速写起作业来。因为我知道,今天是个千载难逢的好机会,谁让她作业那么多。今天我肯定能力拔头筹了。一个、二个……终于做完了,我松了口气,得意地看了看妹妹。咦,她怎么在玩?看来她是自叹不如了:"你还不快点去做作业,还在这里玩。""嘿,我早完了。"妹妹用同样不屑的眼神瞥了我一下。我抓过她的作业本一看:哇,一大面密密麻麻地写满了,而且字迹还是那么的工整。

真是自叹不如啊,哪天,我能超过"快手王"就好了!

辣妹子

江苏省常州市实验小学四(3)班 王舒宜

一头乌黑发亮的头发,身着红粉相间的衣服,她是谁呀?她就是六(2)中队的周倩玉。她可是一位怪人,火辣十足。

有一次,我们一起去吃饭,点的满桌佳肴,毛血旺、凉粉……看着这么辣的菜,我早就胆战心惊了。可她却兴奋得眼睛发亮,立即拿起筷子,旁若无人地说:"你们都不敢吃,我可不客气了。"说完,娴熟地坐在座位上,用筷子直接从毛血旺的盆里搛出一块鸭血,在红汤四溅的汤里拌上几拌,再在调味辣椒酱里转上几转,并在上面挤满辣油,最后便毫不犹豫地往嘴里一塞。虽然她嘴上染的油红,但她面不改色,吃罢,还舔了舔嘴唇。我圆瞪着双眼,惊叹之余,也学着她的样儿这么一吃。可真是不吃不要紧,一吃吓一跳,我差点儿被呛死,"妈呀!"我大叫救命。周倩玉不慌不忙,边夹着粉皮边说:"这辣还不够味,再拌一点。"说完,在辣椒罐里疯狂地360°大旋转,我看得眼睛都不敢睁了,真是太厉害了!

周倩玉不仅能吃辣,而且性格也是爆辣!

我和她在一个绘画班上上课,她是班长。有一次,琪老师有事出去,由她来掌管。一开始,别人以为她好欺负,都不把她放眼里。说话的人越来越多,房顶差点被掀开。周倩玉忍无可忍了,压住怒火,气势汹汹地冲上讲台,拿了一把尺,四处挥舞。全班同学的目光齐刷刷地聚焦到她身上。

"周小妮,没用的了。"王若科不屑地说。

"是吗?"周倩玉握紧拳头,伴随一声惨叫,全班霎时鸦雀无声,周倩玉得意地望了望全班同学,露出了自信的神情。

你们说,她是不是十足的"辣妹子"。

5 "我行我秀"法

在学生不会发现人物的主要特点,不知道怎样的材料是最典型的时候,可在班级开展"达人秀"活动,每个人准备自己的一个绝活儿,在班级展示。展示的过程引导学生对精彩的地方进行细致观察,慢慢品赏。教学过程可以怎样展开呢?下面以苏教版四上习作2为例,谈谈具体的展开过程。

要求呈现:

我们每个人都有自己的长处,自己的本领。请选择自己最得意的一个方面写下来。写完后不妨读给别人听听,让更多的人了解你。题目可以是"请为我竖起大拇指"、"埋在心底的自豪"、"请将赞许的目光投给我"。当然,你也可以自拟题目。

设计说明:

习作是自我表达与交流的需要,更是抒发真情、展示真我的艺术。为给善于表现自己的孩子搭建展示真我的平台,我们精心策划了"才艺大舞台,秀出我风采"活动;为让一些才美不外现的孩子挖掘自己的长处,实现自身的价值提升,我们开展了"我的自豪事,请你来分享"谈话活动。在他们尽情展示自我,真情流露之时,我以动力情境为依托,调动他们自我实现需要的"情感内驱",在其情动之际,助其自我表达,从而实现学生内驱与表达的自然对接。

活动流程:

一、活动引路,再现生活素材。

1. 才艺大舞台,秀出我风采。

现在学生的业余生活多姿多彩,应运而生的各具特色的特长也为他们在与同伴的交往中展示出足够的自信。要使每个学生的一技之长成为他们展现个性、树立自信的一张名片,我根据他们爱表现自己的独特需求,提前一周在班级发出我们将举行"才艺大展示"的倡议,以期他们有足够的时间为展示自己的"看家本领"做好前期准备。

无论是主题活动倡议的发出,还是学生精心的准备,甚至是学生胸有成竹的现场展示,都让他们一度为之疯狂,为之跃跃欲试。

展示当天,孩子们乐此不疲地为一展自己的琴技,兴师动众请家长将古筝、手风琴搬进教室;神秘的魔术爱好者则将自己心仪的道具摆上了讲台,当看到他们像模像样地邀请台下的同学与其配合,以示其魔术的高超技艺时,全班同学都不约而同地为之动容;当金同学伴着有如高山流水的乐曲徐徐展开毛毡,铺上宣纸,挥毫泼墨时,教室里那一张张天真可爱的面孔竟情不自禁地向其簇拥过去;当一首首或婉转轻柔或跌宕起伏的曲子回荡在教室上空时,教室里绽放出一朵朵幸福之花……

2. 我的自豪事,请你来分享。

虽然孩子们有着别具一格的特长或本领,但受制于时间、空间,毕竟有一部分同学不能在全班同学面前秀出自我风采,加之一些性格内向,才美不外现学生的客观存在,本着让每个同学都能秀出真我。我特地为他们开设"我的自豪事,请你来分享"的讲述活动。讲述内容宽泛自主,只要涉及自己特长或本领即可。

也许是宽松氛围的创设,当他们一个个走上讲坛,诉述引以为豪的事情时,许多人借机得到了大家的羡慕与欣赏:平时作业拖拉的张同学竟有如此细心体贴、温柔可爱的一面;娇小灵秀的周同学竟多次在各级各类跆拳道比赛中摘金夺银;热情阳光的姚同学居然获得过拉丁舞五项全能冠军……

二、适时对话,提炼特色素材。

以上活动的展示亮相,让我们领略到每个学生都是独一无二、不可复制的生命体。他们都能或多或少地找到自己的特长,都能挖掘出洋溢个性阳光的七彩色。学生的素材是有了,但是不是意味着学生就能淋漓尽致地表现自我特长或本领呢? 答案是不言而喻的。实践证明,学生在面对自己司空见惯的生活素材时,有时会显得不置可否,想到哪里写到哪里。至于到底可以选择什么样的素材更能表达自己的主要意思,他们往往不加思索。归根结底,他们缺乏较强的选材能力。

写作教学应注重选材、构思、起草、加工等环节的指导,这是新课改赋予我们一线教师的神圣使命。为教会学生学会选材,在学生进行"才艺大舞台,秀出我风采""我的自豪事,请你来分享"两项活动时,我适时地启发学生"如果你能在这方面将当时场上的氛围和观众的反应细致地刻画出来,一定会给大家留下深刻的印象。""能向大家透露一下,在你学琴的过程中还有哪个场景也使你引以为豪吗?"……如此种种适时适度地追问旨在使学生在与老师轻松和谐的交流中习得哪些材料更由于说明我的特长或本领,哪些场景是需要用心秒末的刻画、细心描摹得。当学生逐步学会从自己丰富的材料库中截取能说明某个问题的素材时,学生的选材能力也在潜滋暗长,渐次提升。

三、开启内驱,活化表达素材。

在活动化作前指导课中,活动开展得如火如荼,并不代表学生在表达时能做到酣畅淋漓地不吐不快。毕竟在丰富的原始素材与自由表达之间缺少一个卓有成效的"快乐引擎"。要引领学生自觉自为地走向自由倾吐,表达欲望之门的开启显得尤为重要。因此在学生陶醉于自己的特长或本领之时,我想方设法诱导学生将自己的自豪感无限制地放大——欣赏了大家各具特色的表演,聆听了大家耐人寻味的讲述,我感觉到你们真的了不起,因为你们每个人都有自己的看家本领,大家都在发展自己的长处。老师听着听着,一股敬佩之情便油然而生。我感到我很幸运,因为在领略你们风采的同时收获了快乐。想向更多的人来展示我们的特长或本领吗?

学生在我的造势感染之下,异口同声:"想!""那还等什么,就让我们快速拿起笔,记录下我们的精彩,和他人一起分享吧!"

此时的学生已悄然无声地步入了自由表达的情境,这时的表达是为了实现"让他人分享自己长处活本领"这一足以令他们自豪的"内需"的。真正实现了"内需"与"自由表达"的无缝化对接。

魔方小高手

邹昕怡

钱歆昊是我们兴趣班鼎鼎有名的魔方小高手!

一天,阳光明媚,小鸟在枝头喳喳叫,好像在告诉人们春天的喜讯。我背上斜挎包兴高采烈地去上兴趣班。

刚进教室,就看见一大群人围着钱歆昊,不停地发出赞叹:"好快啊,你跟谁学的?""哇,我拜你为师吧,请受徒儿一拜。""嘿,没这么夸张吧,还动起了真格。"我凑近一看,呵,这手可真快啊,眨眼工夫,就把魔方转的跟能原来一模一样了,我不得不在心底里暗暗叫绝。虽然我亲眼看见了他玩转的如此神速,可我真想破破他的"邪儿"。于是,我三下五除二地将魔方转乱。"这下,肯定转不出来了。""看来,有好戏看了。"一旁的同学打趣地说道。"这次,就算他有天大的能耐也回天无力了。"我在心里暗暗窃喜。

说时迟,那时快。就在大家议论纷纷,准备看他的笑话时,她又像变戏法似的将原本乱糟糟的魔方给迅速地转回了原样。嘿,还真是奇了。我拿起魔方,将其上上下下,左左右右仔细打量了一番,感觉有什么玄机,就是看不出一丝破绽。钱歆昊见我惊讶不已,一把拿过魔方来打乱,让我把魔方再次转回原样。我简直傻了眼了,我怎么会啊!可钱歆昊眨巴着眼睛看着我,我怎么好意思说我不会呢!钱歆昊似乎看出了我的心思,开始手把手地教我。她说她一开始也不会,可只要知道了魔方公式就轻而易举了,还特别提醒我:心急吃不了热豆腐,得记好公式,反复练习才行。我似懂非懂地点了点头。看来,高手也不是与生俱来的。

不可思议吧!这就是魔方小高手——钱歆昊。

(此文发表于《常州晚报》)

(三)修改策略

怎样才能处理好评与改的关系呢?2011版《语文课程标准》在教学建议中指出"重视引导学生在自我修改和相互修改的过程中提高写作能力",在评价建议中指出"重视对作文修改的评价。要考查学生对作文内容、文字表达的修改,也要关注学生修改作文的态度、过程和方法。要引导学生通过自改和互改,取长补短,促进相互了解和合作,共同提高写作水平"。

显然,教师要重视对学生作文的评改!但如何重视?教师的角色定位要准确,即过程参与者、方法引领者,教师千万不可越俎代庖,剥夺学生自主修改的权利。评改作文的主要方式应是自我评改与同伴互改。

习作评改怎样落到实处呢?我的操作策略是:

1. 量表导向

如何使学生学会主动评改？制订契合孩子认知特点、发展水平的量表是关键。

层次一：基础性量表

此量表是面向班级全体学生的，是每个同学都能达到的能级要求。评改实践中，只要能对照量表项目进行逐项评改，并能不断完善的，就能得到此次作文的基础分七十分。学生写完后，对照量表自我评价，给出自我评定；同伴互改时再次对照量表逐项评定；重新修改时，个人综合他人建议自我完善。这样，他们经过一段时间的评改实践，就能掌握一般的评改方法。

项目 得分	格式	书写	错别字	病句	标点	内容	情感
评价标准（每项10分）	格式符合本次习作要求的可得10分	字迹潦草、马虎的得1-3分；书写认真、字迹工整的得8-10分。	2个扣1分，扣满10分为止。	有一处扣1分，扣满10分为止。	不能合理地使用标点不得分；标点有明显错误（如引号）的，一处扣1分，扣满10分为止。	内容不符合生活实际的不得分；内容源于生活且能唤起大家生活记忆的可得8-10分。	作文中能流露出自己的真情实感的视情况得8-10分。
单项得分							
总得分							

层次二：发展性量表

当学生的评改水平不断发展时，我们依据年段目标，出台了学生作文评改的"发展性量表"。

项目 标准及得分	中心	选材	结构	表达	语言
评价标准（每项10分）	表达的中心是否突出；中心不明确者得1－3分；中心较多，不够集中得4－6分；中心集中明确得8－10分。	材料能否表达中心（5分）；材料是否真实（5分）；材料是否具有典型性（此项要求较高，作为附加分2－5分）。	文章的段落结构是否清晰（4分）；过渡是否自然（4分）；首尾是否呼应（2分）。	细节描写是否到位（4分）；修辞是否形象生动（2分）；抒情性的语句是否富有真情（4分）；	语言是否简练、流畅、深刻。简练指简要、精炼（4分）；流畅指顺口、意思明了（4分）；深刻指见解能抓住事情本质（2分）。
得分	自评				
	组评				
	师评				

对于发展性量表的实践落实，我的做法是学生在基础性评价的基础上进入小组评价或集体评价。此环节的评价需要作者本人按照"发展性量表"指导、规范自己的习作，进入组评时，由一人朗读该同学作文，其他人对照标准进行逐项打分，然后写下小组的综合评定，教师最后结合学生的自评、组评给出合理的分数。

2. 组内互评

"写作知识的教学力求精要有用。应抓住取材、构思、起草、加工等环节，让学生在写作实践中学会写作。重视引导学生在自我修改和相互修改的过程中提高写作能力。"写作实践中，引导学生组内互评，互相修改，是提高学生写作水平的一条有效路径。

范如成《鼠来鼠王》——

自评：作者由班级跳长绳，一个人跳不好，别人就指责埋怨而联想到一群老鼠的故事。内容富有趣味性，读起来轻松诙谐，但传达的意思明显。而且本文紧紧扣题，围绕团结和友谊来进行刻画。

组评:①你的起因、经过、结果比较鲜明,可以看出这群老鼠从不团结到团结的转变,只是他们团结的过程可以写得更通畅些。

②只是后面的想象有些不合理,老鼠本来就怕猫,就算人多,也不敢与猫正面相对,应改成:老鼠们十分团结听从安排,用智谋对抗猫。

金海纳《妖魔道观》——

自评:这篇文章根据剪纸作品想象而成,有真实的画面,也有虚构的妖魔,讴歌了善良村民的知足常乐和勇于与恶势力做斗争的伟大精神。

组评:这篇文章让人读得步步惊心,一开始所有人都以为这只是写人大战妖魔的事,但小作者推陈出新,写出了不一样的感受,结尾很新,突出了老道长出污泥而不染,升华中心。

王昕玮《梳银与日月花》——

自评:本文的起因是全镇的兔子都得了瘟疫,梳银去找日月花,经过翻山越岭后战胜老鹰取到了日月花,结果是全镇兔子的病被治好了,兔镇又恢复了繁华。很有想象力,是篇有内容的小文章。

组评:文章写得很清楚,但没写出想告诉我们什么。建议写清楚。

王舒宜《打开拐角那扇门》——

自评:自认文章条理清晰,讲述了剪纸中女孩一波三折的人生历程,由眼前的剪纸想到了属于每个人的故事。故事传达了只有学习更多知识,才能获得精彩人生。

组评:这篇文章想象合理,将人物和现实结合得恰到好处,只是后面的大道理有些生硬,虽然很清楚但是过于唐突,觉得可以删掉。(结合小组的建议,小作者已将生硬的道理去掉了。)这样,结尾更加自然。故事一波三折,主人公从一个强傲的女孩到追求平凡,她经历了太多,好在女孩找到了适合自己的梦想之路。这是我们每一个人都应该努力认清自己的。梦想是人生的追求,但适合自己的才是最有价值的。

岳舒宜《鲤鱼跳龙门》——

自评:这个故事的起因是大家都不陪小灰玩,经过是小灰如何跳上龙门,结果是鲤鱼们知道错了,就和小灰一起玩了。

组评:故事的起因需要简单一点,内容很丰富,结果令人意想不到,小灰居然没有变漂亮,而是和朋友快乐的生活在了一起,想象很合理,好好改后会是一篇佳作。故事可以写一下路途中遇到了哪些困难。写一下练习跳龙门的难,这样才可以体现出跳龙门后的喜悦。

陈江安《智斗老狼》——

自评:故事起因是狡猾的狼想谋反,经过是两只老虎智斗老狼,结果老虎战胜了老狼。故事主题很鲜明,写得一波三折,想象很合理。

组评:题目希望改一下,如:老虎智斗老狼。起因、经过和结果都很有趣,整篇文章都在写怎么战胜老狼的,内容不错。

董雨安《幸福花》——

自评:故事起因是兔子一家在为一些小事而吵,引来了兔子奶奶。经过是兔子奶奶让它们种幸福花,结果是它们变得和谐了。道理明显。

组评:此篇童话的主题是围绕家庭需要和睦的想法来构思的。写出了和睦前邻居的反感和家庭和睦时的情景,让我们知道家庭和睦很重要,不要因为一点小事而闹矛盾。

3. 博客提升

学生写好的作文经过自我修改、小组评改、课堂集体讲评、课后个别面批之后,我会选择一些内容丰富、选材新颖、个性鲜明的作文传至班级博客,进行全班赏析。赏析上榜的"博客作文"是有要求的,每位同学任意选择两篇作文进行赏析。赏析可从材料选择、题目、文章结构、语言、修辞、细节等方面入手,自由选择评价点。也有硬性规定的内容:每篇文章至少发现两处以上亮点,一处修改建议。对于赏析质量较高的同学和额外完成硬性要求的同学可根据具体情况晋级为本期博客的"最佳评论员"。

博客评改,要实现效果的最优化,一定少不了对富有建设性建议的重建。此处的重建分为两部分:评价者既然对文章提出了具体的修改建议,必须"亲自下水",附上一段自己改后的内容;作者阅读完他人的建议后,对觉得有道理的地方要进行及时修改,用醒目的字体或修改符号在原文处增删留痕。

附:学生博客评改记录——

读者2: ［2011－12－918:25:52｜By:金海纳］

优点:

"我只能孤注一掷,使出最后一招"这一段写得很好。写出了无可奈何。男生在那边叽叽喳喳的,确实管不住。她的这一段将内心活动表现得淋漓尽致。

"谁知,不解风情的男生非但不领情,还在那里一个劲地嗤嗤以鼻,有道是'狗咬吕洞宾——不识好人心'。"那时的我真想大声地斥责他们几句,可一想到游戏规则,只好忍气吞声,就此作罢。"说明了奉老师之命办事的却由于不能说话而显得十分困难,张颖彦将心理活动描写得很出色、细致!

建议:

下午的场景中可以把自己自认为男生看的懂自己的手势,而其实则不然的情况在写具体一些。这样更能引起读者的兴致,使读者更加有种身临其境的感觉,是文章更加生动传神。

我来改:

下午帮跳绳精英队"测试"时,由于不能说话,到底怎样叫男生迅速过来练习呢? 我不停地做着手势,可是男生们一个个莫名其妙地看着我,愣是看不懂,丝毫没有想过来的意思。(本以为如此简单得手势男生们因该很快能明白我的意思,谁知)我如此大费周章地向他们传达意思,他们却冷眼相对,真是让人心焦。无奈之下,我只能孤注一掷,使出最后一招——边打手势边发出"嗯,嗯"的声音。谁知,不解风情的男生非但不领情,还在那里一个劲地嗤之以鼻,有道是"狗咬吕洞宾——不识好人心。"那时的我真想大声地斥责他们几句,可一想到游戏规则,只好忍气吞声,就此作罢。

Re:咱班的"哑巴节"

[2011-12-8 20:07:28 | By:张颖彦]

作者:我再来改

我如此大费周章地向他们传达意思,他们却冷眼相对,真是让人心焦。无奈之下,我只能孤注一掷,使出最后一招——边打手势边发出"嗯,嗯"的声音。(我指指他们,做了个跳绳的动作,认为这么简单的动作他们应该看得懂。)谁知,不解风情的男生非但不领情,还在那里一个劲地嗤之以鼻,(指着我哈哈大笑,)有道是"狗咬吕洞宾——不识好人心。"

学生在进行博客评改时,应有明确的方法方向指导。可引导学生从如下维度展开评改——

材料中心的一致性

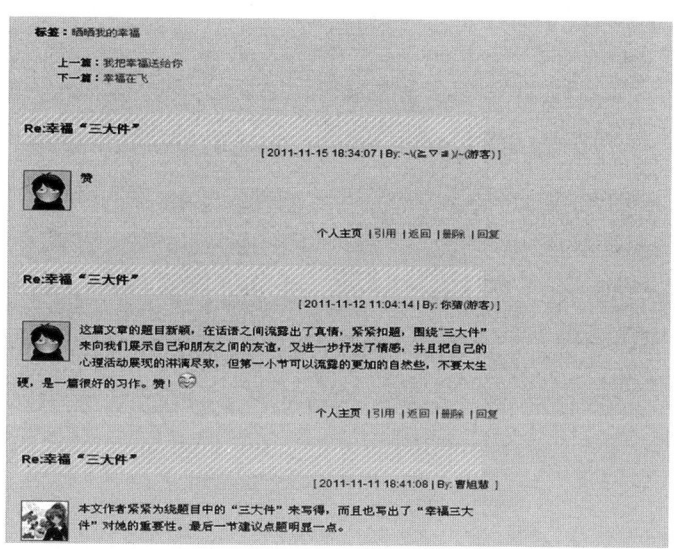

"需要性写作"实践论 >>>

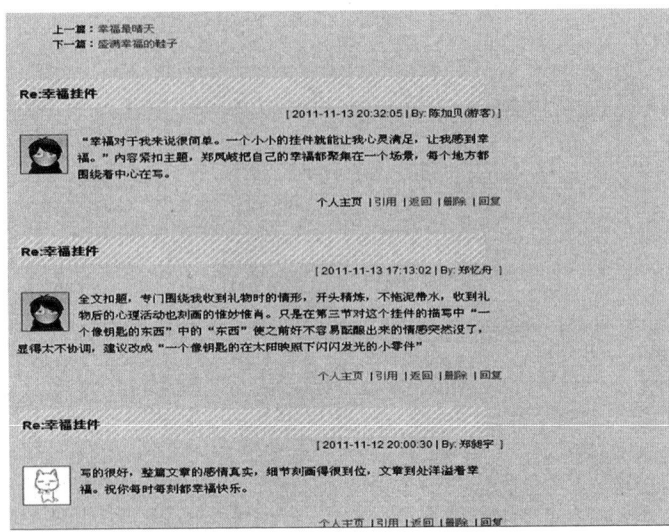

从修辞的角度评——

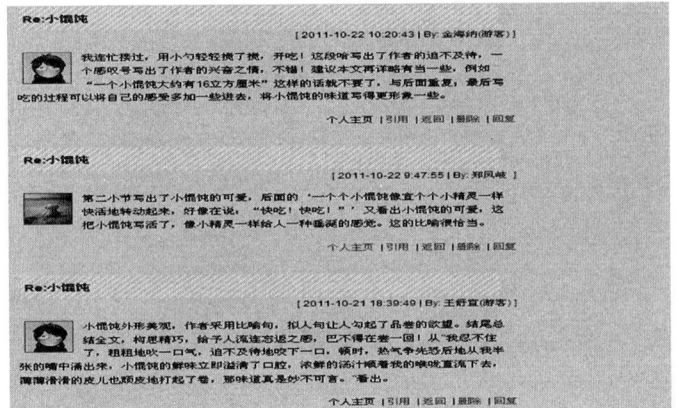

从对比反衬角度入手——

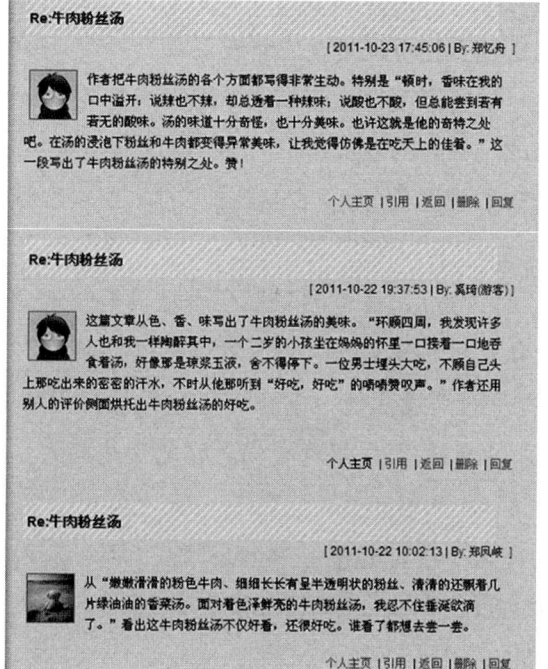

从环境渲染入手——

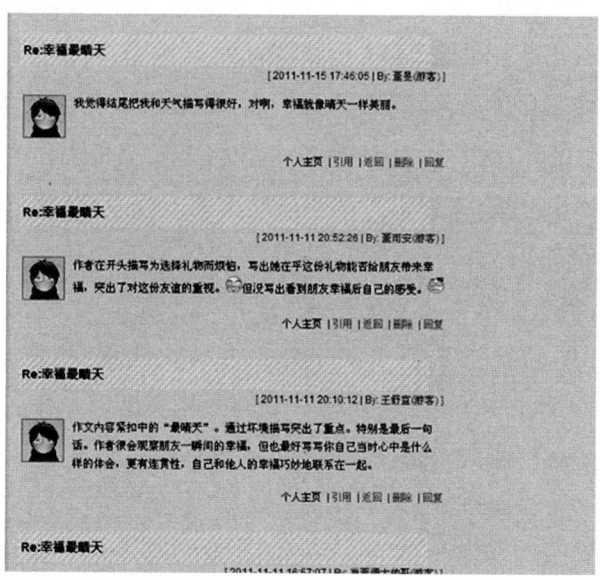

除了辩论改和博客改能使他们彼此分享评改智慧,复改也是提升他们自我修改能力、发展他们评改素养的极好抓手。多层次修改是有层次的,不是简单的重复。它可以是学生自改后又交换改,还可以是换改后再自改,也可以是让学生把改得比较满意的作文搁置几天,然后再拿出来重新读读,再次修改。一般的复改,学生已不再仅仅是满足于语句通顺,而是经过不断调整,不断优化,使文章从谋篇布局、层次段落、内容情感、手法运用等多个方面,更趋完美。

每次的习作评改过后,每个同学都会主动进行一遍遍修改自己的作文,因为他们已认识到"修改是作文不可分割的一部分"。学生在借鉴、吸纳同伴言语智慧的实践体验中重新构建起超越自我的言语系统,实现"读编"言语生命的网状交互,最终走向习作的文化创生。

4. 教师评导

教师评改,完全不是要教师帮学生去修改,而是要发挥教师的点拨、引领功能,为学生指名方法方向、精神发展方向。一句话,教师的评价语应具有导向功能。

评价学生的作文是每一位语文教师的"必修课"。作文教学中,评价学生作文的目的到底是什么?为了给个等第,应付检查?还是将学生的作文分成三六九等?对此,2011版新课标明确指出:写作的评价,要重视学生的写作兴趣和习惯,鼓励表达真情实感,鼓励有创意的表达。可见,教师在对学生的作文进行评价时好比一位经验丰富的"向导",既要维持学生原有的写作热情,又要引导学生乐此不疲地修改、完善自己的作文。

(1)导"读"式评语——

师评:看得出你很有集体荣誉感,你有忧患意识,你渴望团队成员间相互理解,同舟共济,共同进步。你的语言幽默风趣,构思奇巧,想象大胆,颇有点郑式诙谐风格,言语间有一定的意指和思考。你一定读了大量的皮皮鲁系列吧!原来多读名家名篇,在不经意间丰厚自身文学内涵的同时还烙下了文学的印迹。

(《鼠来鼠往》)

此评价中,我有意识地将作文评价与学生的阅读视角结合起来。当学生的作文风格被他人欣赏时,他们一定会主动地去阅读其他文学作品,进而在日后的作文实践中不断"吐旧纳新",形成"个性"。

(2)导"构"式评语——

富有张力的评价语,能打开学生布局谋篇、大胆构思、个性流淌的一扇窗。

师评:小灰原本想请"万鱼之王"使自己变得漂亮,没想到历经千辛万苦之后却发现并没有所谓的"万鱼之王",德高望重的老鱼的及时出现让故事充满了戏剧性。没想到老鱼的"眼见为实"改变了众鲤鱼对小灰的看法:多富有创意的构思啊!既发人深省,又让人回味无穷!不过小组的建议很好哦,可以采纳。

(岳舒宜《鲤鱼跳龙门》)

作后评价时,我会放大一些构思精巧的佳作,在班级进行郑重其事地大加赞赏,一来肯定作者的构思才能,二来为其他同学做取材、构思的思路拓展、熏陶。

(3)导"改"式评语——

师评:看得出你很有集体荣誉感,你有着较强的忧患意识,容易被人疏忽的责怪都能让你想到和谐同伴关系的建设。你渴望团队成员间的互相理解、和舟共济,共同进步。团结一致用智谋对抗对方,可以作为你要表达的中心意思。不妨改改。

(范如成《老来鼠王》)

作后评改切记教师一厢情愿地对学生的文字进行不问情由、大刀阔斧地删改,我的做法是顺着学生的情感脉搏、行文思路,想学生所想,思学生所思,有不明白的地方主动与其交流,尽可能地贴着他们的"情感点"诱导其积极、主动修改,将修改的权利还给他们,让他们在一次次的心灵拔节中收获"自我修改"的成功快感!

(4)导"情"式评语——

句段呈现：

此时我心中有一个小小的声音在催促我"快写"，哪怕不出版，也是一段美好的回忆，一个完美的纪念。但前提是"坚持"。

（节选自蒋圣云《坚持就是胜利》）

师评：

我很赞同你的想法。当我们将自己的内心所想变成笔下充满温情的文字时，那多有成就感，那是多么幸福的一件事啊！灵感来的时候就像闪电一样短促哟，只有及时记下，才能留住精彩，留住我们言语智慧。往往我们离成功只有一步之遥，主要看谁能抢先、自觉地迈出那一步。一定要坚持下去啊，我还等着做你们忠实的读者呢！

此评语我是以一个读者的身份表达出我想阅读她们自编故事的强烈愿望，她们读后的言语自信将再次点燃，言语人格将得到"挺立"。更重要的是他们将满怀深情地投入到故事的创作之中，他们将以此为起点踏上崭新的、自觉的写作之旅。

教师评改主要是给予学生写作规律上的启发和点拨，加深学生对写作的理解，加快学生对写作的领悟，精心养护每一个言语生命，适时地给予他们赞美、激励和抚慰。最重要的是通过教师的评导，沟通了师生之间的心灵，为其言语生命的健康蓬勃发展做积极导航。

(四)描写策略

描写作为一种表达方式，是重要的写作能力。在美国，它作为单独的类别，列为写作专题，专门训练学生如何"写作"，可见其对于一篇好文章形成的重要价值。

描写是用词语绘制画面，它可以帮助读者去看，去听，去品味，去感觉，去闻一闻你正在写的东西。如何进行描写呢？教者不是空洞地说教，而应该借助经典范文的赏析和有针对性的专题训练，达成"学会描写"的能力目标。

比如,美国加利福尼亚州四年级的描写要求是:

好的开始句告诉读者将要描写什么。

准确、生动的词语在读者脑中构建心理画面。

按照时间、空间和重要性来安排细节先后。

感觉词语能帮助读者想象描写的画面。

结尾概括描写的内容。

五年级的描写要求比四年级略有提高:

开头交代要描写的内容。

形象化地描述让读者想象它看起来、听起来、闻起来、尝一尝、摸一摸是怎样的。

比喻手法的运用使读者心理产生清晰的画面。

按照时间、空间或重要程度的顺训安排细节。

结尾总括全文。

这种对描写表达方式的写作训练一直持续到高中阶段。他们把具体细致地描写习惯当成一种踏实的文风来培养,当成写好作品的关键元素来强调。

在我们的作文教学实践中,经常会碰到学生的作文空洞无物,描写不细腻,如流水账一般的现象,这样的作文总是给人一种在介绍或者是说明的感觉,而不是在进行细腻的描写。其实,这就是我们经常说的缺少细节描写。细节描写就是对事物的基本组成单位进行刻画,如对人物的一举一动、事物发展的具体环节、环境中的细小物体进行细微描摹,就写人、写事的作文,一般可以进行动作、语言、神态、心理活动、环境衬托等封面的细节描写。教学实践中如何指导学生进行细节描摹呢?

1. "添枝加叶"法

篇不离段,段不离句,首先,我认为应该是加强句子练习,先指导学生如何把句子写具体。我引导学生扩句,从细微处入手,把事物写具体,使学生在观察和比较中有所感悟。

记得有一次,我因为班级里学生多次犯错而严厉地批评了他。学生在日记里这样记录:"今天老师发火了,她批评了XXX,当时大家都很害怕。"第二天,我以这个内容为例,引导学生们展开"添枝加叶"的工作。

我问:"昨天,老师是怎么发火的?"

有个同学举手回答:"老师声音很大""老师瞪着眼睛""老师的表情很严肃,脸都有点红""我从没见过您这么凶,像发怒的狮子"……

随着我的引导,学生的句子越来越具体生动。

我继续问,"当时,你们在做什么?"

学生在努力回忆:"我是害怕得把头低了下来""我和同桌用眼神交流了当时的气氛有多可怕""从您刚开始批评,我就没敢抬头""当时我的心怦怦直跳,生怕我也被牵连"……

我又请同学把老师做的事和自己做的事连起来说一说。就这样让学生得到了句子的训练,最后同学们也针对那位同学的日记内容进行了改写,内容如下:

"今天,因为XXX同学……老师生气了。她怒目圆瞪,面色因情绪激动显得通红,还伴随着高分贝的训斥,从没见她这么凶,好像一头发怒的狮子。同学们都害怕极了,有的低着头不敢直视,有的眼神交流彼此的紧张,还有的从老师出声时压根就没抬过头。"

训练是要设计的,但这种适时抓住时机贴近生活的训练会对他们产生更有效的影响。

2. 逐步分解法

句子的练习固然重要,但是我以为加强片段练习也不可忽视。具体指导学生进行片段练习,是指导整篇文章的关键。我们老师可根据每次习作内容来选择片段练习的重点,如一处场景、一项活动、一段对话、一个人的外貌、动作及心理活动等。本学期我们重点练习了写人,有夸夸自己、夸夸同学、介绍老师等,每一篇都要求用具体事例来说明人物特点。在指导学生将动作写具体时,很多学生不约而同地写"XXX是跑步高手",如:

XXX是我们班的"跑步高手"。那是一次运动会的800米跑。裁判员一声令下,他就像一支离弦的箭冲了出去。他跑得很快,第一圈弯道时超过了3个人,第二圈弯道时又超过一个,接着两个、三个……终于,他冲过终点线,获得了第一名的好成绩。

显然,他们的描写以介绍性的语言居多,能打动人、吸引人的具体的动作涉及很少。而跑步过程中细腻的、变化着的动作往往能折射出跑步者心理活动的变化过程。

面对这样的比赛过程,我引导学生仔细回忆比赛当天情况,并请他们思考,从比赛开始到结束可以分为几个环节。一开始,大家一脸茫然。而后我问该同学是不是一上场就开始赛跑了,不少学生都记起来,一开始选手们都在积极地热身,然后裁判员发令,接着开始跑步了。说到跑步时,我又请他们联系自己生活实际中的跑步,引导他们逐步分解,以800米为例,最后得出跑步分起跑、第一圈、第二圈、冲刺。讨论到这里时,同学们纷纷表示自己的确是按这几个环节来描写的。而后,我又开始引导他们将具体的动作细化。热身时,是什么动作?起跑时,双腿是什么动作?双手又怎样?眼神又如何?当超过其他对手时又是什么表情?当他到第三圈体力不支时双手、双腿又怎样?最后冲刺时又是怎样积极赶超?同学们在听了一连串的问题之后,开始将每一个过程的每一个动作一一对应,并一一细化,在脑海中形成了一幅幅定格的画面。最后进行了修改:

800米比赛快要开始了,选手们健步踏上比赛场地,边等待边热身,个个摩拳擦掌。比赛快开始了,他走上跑道,双手撑地,两眼透着自信,直视前方。随着裁判员一声令下,XX像一支离线的箭冲了出去。只见他快速摆动双臂,迈开大步,直向前飞奔而去。第一圈,他轻松地超过了三个人,而和我们对视时也是一脸笑意。第二圈,是最考验耐力的时候。他的步伐慢了下来,两腿像绑了沉重的沙袋,额头也冒出了豆大的汗珠。我们不禁为他捏了把汗。也许真的有心电感应,他似乎感受到了我们的期盼与鼓励,步伐虽然不快,但是更加坚定,手臂摆动虽然缓慢,但是越来越有力,终于,他重新加速,向终点线发起了最后的冲刺。50米、30米、10米……"耶"随着我们的欢呼声,他将第一名稳稳拿下。

我是运动小健将

我是个运动健将。记得三年级运动会的时候,我报名参加了男子800米长跑。赛前,我精心刻苦地做着准备。到了比赛那天,我信心满满地上了跑道。

"预备,跑!"裁判员一声令下,我就像兔子一样跑了出去。一开始,我遥遥领先,可很快就被三(2)班的周易追上了。只见他迅速摆动双臂,迈开双腿,脚下像生了风似的。回头望望后面的"追兵",他们一个个都在拼尽全力向我追来。我可不想就这么甘拜下风,我一定要将他们甩在身后,超越周易。

"王晓雨加油,王晓雨加油……"同学们的加油声此起彼伏,我心中迅速燃起了希望之火。我铆足劲儿向前奔去。在离终点不到100米时,我以最大的力气向前冲去,最终,我以3分21秒的好成绩夺得了第二名。虽然我没能拿到第一名,但我想:如果我像周易那样天天坚持去训练,一定会超过他,成为名副其实的运动健将。

"王晓雨你好棒啊!""恭喜你取得了第二名的好成绩!"……同学们的祝贺声不绝于耳,我心里比吃了蜜还甜。

你们说我是不是运动健将呢?

(王晓雨)

男生 VS 女生

篮球赛上,男生 VS 女生,有意思! 全班男生 VS 全班女生,更是趣味十足!

空中,篮球凌空飞起,阳光划过一道刺眼的弧线,篮球好像顶着一个巨大的光环,正用女王冷傲般的目光扫视我们整个人群。决定"命运"的时刻到了! 篮球忽然像泄了气一样,从空中直线坠落下来。顿时,刚刚还鸦雀无声的队伍立刻变得欢腾起来。我们争着去抢球,个个都瞅着那"桀骜不驯"的篮球,恨不得"占为己有"。这不,让人"大饱眼福"的场景出现了:一开始还有点整齐的队伍,此时犹如一锅粥,争的争,抢的抢,那情景不禁让我联想到了某个国家在西红柿节里互扔西红柿的混乱场面。这场景虽然乱了点,可同学们越来越带劲,真乱中寻乐呢!

突然,从人群中窜出一个灵活的身影——黄新昌!他身体微微前倾,侧身穿过防守严密的人墙,纵身一跃,来到篮球架下。此刻他头上无数的汗珠迅速凝成了一个硕大的惊叹号,仿佛在说:"快成功了!快成功了!"可"天有不测风云",就在黄新昌腾空跃起、双手将球朝篮框那儿用力一掷时,篮球却像一个调皮的精灵在框边打了旋儿,就被弹了出去。瞧见了吧,煮熟的"鸭子"飞了!刹时间,男生们跺脚,女生们欢呼,那可是"几家欢喜几家愁"啊。"静!重新发球!"陈加贝伸出细长的手臂,大声喊道。接着,张玮、曹旭慧、邹昕怡都进入了蓄势待发的状态。刚才男生差点进球,这次女生得格外小心了。

刹那间,又一个篮球凌空飞起,它那干净的"面容"似乎在汗水里洗过一样,白净得让人不敢触摸。这回是女生队中的张玮捷足先登,首先抢到球。只见她警惕地拍着球,准备伺机传球。周围的男生可不是等闲之辈,一拥而上。张玮临危不惧,牢牢地保护着篮球,见势不妙,就以迅雷不及掩耳之势,把篮球扔给曹旭慧。对友一接过球,就拼命跑。如果男生再不抢球的话,就功亏一篑了。面对攻势迅猛的男生,曹旭慧皱起了眉头,豆大的汗珠从她的额上流了下来。如此"危难"时刻,要是有人接应就好了。"天助我也",正苦于不知如何突出重围,对面一个身影敏捷地跑了过来——邹昕怡!邹昕怡接过篮球,"啪!"地射进篮球筐。"耶!"全场发出振奋人心的欢呼声。

一阵凉爽的秋风吹过同学们火热的脸庞,比赛还在继续……

(陈苏瑶)

之后,我把学生写得好的作文在课堂上读给全班学生听,尤其是对一些精彩的段落和句子请学生讲评,台上台下互动,学生观察写作兴趣倍增。

3. 引爆"兴趣点"

习作指导的一个重要目的就是激发学生的写作兴趣,变被动为主动,使学生真正成为习作的主体。教师可以通过多种方式激发学生兴趣,如:看图欣赏、观看视频、讲故事、请学生表演、做小游戏……

苏教版语文第十二册练习3中有一段《红楼梦》里的描写,关于众人被刘姥姥逗得哈哈大笑的情节。上课伊始,教师给学生放了一段《红楼梦》中刘姥姥进大观园参加宴会,把众人逗乐的视频。学生们看得津津有味,也沉浸在欢乐中。这样便激发了学生的兴趣。视频看完,我请学生说一说刚才看到的画面。多数学生都是用的概括性语言,如:听了刘姥姥说的话,大家哈哈大笑。接着,我引出了练习3关于《红楼梦》的片段——这么有趣的画面,在《红楼梦》里,曹雪芹是怎样描写的呢?让学生自己读一读,交流感受。学生通过交流,知道了要抓住各个人物的神态、动作、甚至是发出的声音来描写,就能使文字更生动、更有画面感,从而也突出了人物形象。然后,交流了一些表示"笑"的词语,如:咯咯地笑、开怀大笑、笑得直不起腰、笑得流下了眼泪……最后,布置作业:让学生留意身边发生的搞笑的事情,也可以结合之前发生过的,给自己留下深刻印象的好笑的事,注意观察周围人的神情、语言、动作,描写一个关于"笑"的片段。这样的命题离学生的生活比较近,而且选材也很轻松,能让学生的语言"动"起来。

4. 动作回放法

学生在进行人物动作描写的时候,一般总是直接进行结果性的描述,而对于过程中人物的动作总是忽略了,这样的文章就显得比较粗糙,不够细腻,不能给人带来身临其境的感觉。既然是动作,肯定是有一个过程的,哪怕是一个短暂的动作。我们经常会看到电影电视中出现的分镜头慢动作,非常充分地展示了人物活动的过程。教学中,可以借助这种特殊的影视表现手段,可以引导学生回忆过程,一步步分解记忆,然后进行描写,这既是方法,也是训练,多次练习之后,学生应该能够找到感觉。

如:第二天,终于轮到"跳绳跑"这个集体项目了。顾名思义,"跳绳跑"就是一边跑,一边跳绳接力,比哪个队先跑到终点。即将参加比赛的我兴奋极了,但又有点紧张,因为我是排第一个的,生怕出了差错,拖我们小组的后腿。比赛开始了,哨声就是命令,我立刻一马当先,迅速甩动手中的绳子,同时抬起右腿,迈开大步向前跨,以最快的速度绕过障碍物,奋力向终点冲刺。当我顺利地把绳子交给下一位同学时,已经是上气不接下气,好像跑了几个马拉松似的。郭雨辰不愧是我们的"跑步健将",他伸出双手,迅速从我手上接过绳,然后甩开双臂向前冲,像一支离弦的箭直奔终点,把别的班的同学远远甩在了身后。我们队的另外8名选手也个个发挥出了最好的水平。最后,我们班获得了"跳绳跑"第一名。"耶!"大伙都用手做出了一个"V"字型手势,开心地笑了。胜利的喜悦是那么的酣畅淋漓。

5. 神态定格法

神态是人的内心情感在脸部呈现的动作和变化,往往能够比较真切地反映出人物在某个特定的场合的情绪状态,和人的思想情感密切相关。如果在习作中能用上几句神态描写,往往能够成为点睛之笔,使得文章增色不少。在进行神态描写的时候显然要和人物的内心情感联系起来。当然,人物神态一定跟具体的故事情境和人物的个性特点有着非常重要的关系,所以在习作时,一定要把握好人物的性格特点,同样的高兴和痛苦,在不同个性的人身上的表现是不一样的,所以神态描写不仅让文章更加生动可感,还能突出人物的性格特点。对学生进行神态描写指导时,可以充分利用抓拍的一些定格特写的照片来进行专题指导,这样的照片中的人物的神情一般很有表现力,很生动,容易引起学生的写作兴趣。

如:小棋迷们都静下来了,他们专注地盯着棋盘,瞧那位小同学,似乎被大师给难住了,左手托着脑袋,炯炯有神的眼睛一眨不眨,一定在苦思冥想呢;咦,那位同学刚才还是双眉紧锁,现在却眉开眼笑,他一定是想出了一个很厉害的招数了吧;那位高年级的大同学则不动声色,静静地等着大师接招,一看就是个"棋场老将"了,不过大师毕竟是大师,只见周大师略作思索,便想出了对付的方法。周大师向这位同学竖起了大拇指,微笑着说:"后生可畏,棋途无量。"那位同学也笑了,这盘输了,谁知道下一盘会怎样呢?现在输了,说知道将来会怎样呢?

神态大定格的另一种方法是进行"神态大透视"专项练习。所谓"神态大透视"?即通过人物富有变化的表情来猜测人物当时的内心活动,想象人物可能想到一件什么事才有了如此的表情。此方法简单易行,深得学生的喜欢。观察清楚人物深情的细微变化是进行合理猜测的前提,所以他们的观察非常仔细,非常用心。

我们每周有一个"心有灵犀"情景剧表演。也就是每周约请5名同学围绕一种情绪精心设计动作和表情,其他同学根据表演出的动作、表情揣摩对方感兴。同学们很喜欢,效果也很显著——

生1:她的眼睛半眯半睁,目光迷离、呆滞、涣散,面部平静如水,毫无波澜起伏。只见她单手托着下巴,尽显百般聊赖、昏昏欲睡之态。我想她也许是上课打不起精神,很想睡觉,却又怕被老师发现,不敢睡;也许是她正在思考某个问题,外界发生的事丝毫影响不了她;也许是她被老师或家长责骂,故借此来表示自己的不屑与毫不在乎……

(陈紫萱)

生2:随着颤抖的指尖轻轻抚过封面,她的眼神流露出隐隐心疼,她双目微矇,目光黯淡,眼神定定地盯着封面上的裂痕,平时标志性的上扬的嘴角也下垂成一道悲伤的弧度。她嘴角微颤,双手不住地颤抖着,声声叹息越发让人心碎。也许是她宝贝的书籍破坏了,才如此的心疼、失落,要知道她可是咱班公认的"爱书女神",没有什么比"破坏书籍"更能撩动她惆怅的心了。

(汤栖桐)

生3:他笑起来两眼眯成了一条缝,长长的睫毛盖住了眼睛,看不清他的眼珠,两道眉毛都快合拢了,从眼角延伸出两道条纹,嘴角扬出几条深深的笑痕。很快,满脸涨得通红,只有脸颊上留有一小圈黄色的圆晕,咧开的嘴像月牙一般,露出几颗有些发黄的牙齿,整张脸都挤到一块了。他兴许是看到了一幅很好玩的画,或者是想起了一则搞笑的笑话,最有可能的是今天是周五,他回家可以玩电脑了。

(周思诚)

长期坚持下去,学生将养成留心观察身边人事物的习惯,他们将修炼出一颗敏感的内心,养成察言观色、洞察内心的能力。如此训练,他们的文章中想不出现摄人心魄的细节都难。

6. 心口难开

心理活动是一种非常细腻的情绪波动,也是特别能够反映人物内心世界的情感活动,很多时候,只有亲历了,才有产生深刻的内心体验。如何引导学生去感受自己的心理情感,并真切地表达出来,我们可以通过具体的情境让学生切身感受自己内心活动之后,如实书写即可。比如在劳技比赛中举行了削苹果比赛,这对于学生来说大部分是第一次,是一种全新的体验和感受。活动结束后,引导学生进行相关的习作就比较有现场感。

如:朱老师和三位评委老师一同站在讲台上,一位老师握着秒表,随时准备下达指令。而我呢,右手紧握着刀,左手扶住苹果,眼睛一眨不眨地盯着老师手中的秒表,随时准备开始比赛。我的手心已经开始出汗,心里很紧张,全身上下都好像有无数只小蚂蚁在不停地爬来爬去。我心里直打鼓:我削苹果的技术不是很熟练,也只是"临时抱佛脚"的程度,我该怎么办我……还没等我想完,裁判员老师就宣布比赛开始了。而我呢,还在想别的事情,自然反应不过来,就像一只刚出生不久,从巢里掉下来的幼鸟,不知所措。过了好一会儿,我才反应过来,立马拿起刀,开始削了。我先用刀插进苹果皮里,左手轻轻扶住苹果,右手扶住刀口的苹果皮,不让它断。可不知为什么,我的手总像顽皮的孩子,一点也不听话,老是会把苹果皮削断,时不时还会微微发抖几下,唉,真是没用!

训练学生心理活动描写最好的方法是为他们创设难以启齿的活动,让他们的心理纠结随着事情的进展不断回环往复。而这样难以启齿的活动一般在高年级开展,由于孩子逐渐成熟,有了羞涩感,我们只要想方设法去激荡起他们内心最柔软的地带,他们自会抒写充满真情的心理活动。在写作做一件事向妈妈说"我爱你"的作文时,要求很简单:为妈妈做件事,然后看着妈妈的眼神说"我爱你"。活动结束,学生的精彩出乎我们的预料。

诉"爱"三部曲

诉"爱"之前奏

受到一篇文章启发,我突然意识到是该对妈妈说心里话的时候了。不过,得出其不意。

周三放学,我回到家,家里刚好一个人也没有。真是天赐良机,我可以在妈妈到家之前先把饭烧好,这样她回家后就少一分辛苦了。说干就干,厨房里顿时上演了锅碗瓢盆交响曲!一切准备就绪,我便拿出一张小纸条,在上面写了"妈妈,我爱你!饭已经烧好了。"几个大字,并用吸铁石贴在了冰箱盖上。

诉"爱"之高潮

"咚、咚、咚"妈妈回来了,我急忙跑去开门。随即,我一溜烟儿地跑回房间。妈妈对我的反常举动显然有些不解,一脸疑惑。不过,她还是和往常一样先去卫生间洗手,然后打开冰箱,看看今天有什么菜。殊不知,我正在房间里偷偷注视着她的一言一行。

妈妈如我所料地发现了冰箱门上的纸条,只见她轻轻摘下,细细品读着那几个大大的字。看罢,她大步流星地走向厨房,不可思议地揭开锅盖:呀,饭果然已做好,那浓郁的饭香早已按捺不住地扑向妈妈的鼻孔绕。

就在这时,我注意到妈妈的眼睛里闪过一道惊讶与震惊的光,继而又似乎明白了什么,脸颊也悄然泛起了朵朵红晕,嘴角也挂起了几丝不易察觉的微笑。妈妈蓦然转身,正好对上了我那一双洋洋得意的眼睛。我们就这样对视了好几秒,都不知道要说些什么。

诉"爱"之尾声

我实在不想再隐瞒什么,就把事情的真相告诉了妈妈。妈妈微微一笑,我们拥抱在了一起……

(郑忆舟)

自评:本文对妈妈看完留言条后的反应刻画得比较细致,富有真情实感。

组评:这篇文章的三部曲写得都不错,特别是第二部曲条理清楚。对妈妈诉爱后妈妈的反应写得很好,细节刻画得细致。

师评:文章条理非常清晰,语言干净、利落,充满真情。读着读着,眼前就情不自禁地出现了那温馨的场面。

想说爱你不容易

妈妈是我最亲的人,但对于我来说,想对妈妈说声"我爱你"却是那么的难。

放学回到家,妈妈还没回来。我把房间收拾干净、烧好水后等着妈妈回来。门铃响了,我自信满满地打开门,帮妈妈换鞋、倒水,妈妈吃了一惊,自言自语道:"今天太阳从西边出来了。"

我见时机成熟,正准备开口,嘴巴像是被锁住了似的,怎么也说不出口。我立刻面红耳赤,奔回房间。我只能对着镜子说,直到脸不红,腿不抖,才稍稍喘了口气。

当我又一次鼓足勇气来到妈妈身旁时,妈妈问:"有事吗?""没……没事。我来喝水。"

妈妈见我脸红到耳根，便问："你脸怎么这么红？""哦……我有点热。"唉，都准备了这么长时间，怎么还说不出口？怎么办呢？

就这样，我试了好多次，却怎么也说不出口。直到晚饭后，看着妈妈忙碌的身影，我突然感慨万分：这十三年来，妈妈不是每天都这样吗？为什么我没有发现？想到这，泪水在眼眶里打转。为了不让妈妈看到我的异样，我尽力克制自己，争取不让它流下来。

说来也巧，想着想着，我竟情不自禁地走到了妈妈身后，支支吾吾地说："妈妈，我爱你。"

妈妈听吧，微笑着转过头，温柔地注视着我。此刻，我看到妈妈脸上泛过一丝红晕，目光里有我从没见过的兴奋、快乐、幸福、欣慰与爱。妈妈感动地对我说："我也爱你。"同时妈妈流下来幸福的泪水。

那一刻我感觉非常轻松，是我最幸福的时刻。

想说爱你不容易，但爱需要说出口。

（郑凤岐）

自评：在对妈妈说"我爱你"时，我特别紧张，几次要说都欲言又止，我从小到大都没想到要说过，这是第一次。

组评：写得不错，心理活动可以刻画得细腻点，表情很到位。

师评：每次读你的作文都会怦然心动。你养成了用笔书写情感、表白心灵的习惯。读你的文字，仿佛能听到你的心跳。

最幸福的时光

今天放学后，我慢吞吞地走在散发着桂花香的林荫小道上，心里思索着：我到底应该偷偷做一件什么事呢？今天我要给妈妈一个巨大的 surprise——对妈妈说："我爱你。"

天知道，对于我这个平时都有些胆小的女生，说句"我爱你"是多么难！我想：会不会我一站在妈妈面前，话都紧张得说不出口了呢？我烦躁地甩了甩头。哎呀，我还是先不想这个伤脑筋的问题了，先要悄悄地帮妈妈做一件事情才行啊！

回到家，我鬼鬼祟祟地朝沙发上望了一眼，真是天助我也！沙发上，堆着一堆刚刚收下来的衣服，仔细一闻，还散发出一股太阳的味道。我一眼在衣服堆找到了一件妈妈的睡裙，那是一件白底黄花的连衣睡裙，领口和裙边都有着一圈精致的蕾丝花边。这是妈妈最喜欢的睡裙了！我用一种抱娃娃的姿势，猫着腰闪进了书房，妹妹被突然进来的我吓了一跳，问道："你，你，你要干什么？"我做了个"嘘"的手势，快速将衣服卷成一团塞进了她的书包。我趁着妈妈看电脑的空档，迅速将衣服铺平，小心翼翼地把两只袖子往里叠平，整个衣服呈长方形，我把它平均分成三份，折了折，最后，这件睡裙被我细心地放入了妈妈的衣柜里。

接下来，就是要对妈妈说"我爱你"了，我心里有些忐忑。不知道妈妈听了会是什么表情？是开心还是吃惊？不知道妈妈会说什么？是回应还是……我急促不安地坐在沙发上，手中抱着琴，却早已忘记了弹。这时，从妈妈房间里传出了轻轻的歌声，妈妈一定又在听歌了，妈妈这个时候心情最好了，我可不能错过这个机会！

我整整衣角，清了清嗓子，来到妈妈房间。心里早就想好的话在妈妈面前一下子说不出来了，仿佛卡在了我的喉咙里。我紧张得全身发烫，额头上的汗珠弄得我很痒。我努力让自己平静下来，深吸一口气，结结巴巴地对妈妈说："嗯，妈妈，我……我要……要说件事，那个……"妈妈先是疑惑地看了我一眼，接着就当什么也没听见一样神态自若地听音乐了。我张口结舌，同时心里又有些侥幸，还好妈妈没问什么。

我双手绞在一起，用一种"怎么办，我不知道怎么说"的眼神望着妈妈，可妈妈丝毫没有理会我的意思，继续听着歌，嘴巴里还不时哼哼。天哪，作为女儿，我太了解妈妈了！她属于那种"闲事不管，只管大事；闲闻不听，只听重点"的人，如果我再哼唧半天，妈妈还没反应，那我的那句话要等到猴年马月呀？不行不行，抓住机会。我定了定神，闭上眼睛，不看她，嘴巴里像放炮一样吐出了一串话："妈妈，今天王老师布置我们跟你说'我爱你'。"最后的话声音越来越小，简直听不见了。但妈妈还是听懂了，她转过头，一脸笑意地望着我说："哦哟，说句这话这么难呀？一点诚意和感情都没有,来,看着我,再说一次。"哎呀,妈妈怎么好这样?真是羞死人了。而妈妈呢,则用乌黑的眸子笑吟吟地看着我,仿佛要把我看穿。

我不可思议地看着妈妈,动了动身子,咽了咽口水,又摸了摸头,深深为自己加了油,然后定定地看着妈妈认真的眼睛,一字一句地说:"我,爱,你!"妈妈笑了,甜甜地说:"说完以后还要干什么?拥抱一下。"妈妈张开双臂,笑容像溶化的巧克力。我也向前轻轻抱住妈妈,妈妈身上有一股好闻的香气儿,妈妈轻轻地、柔柔地说:"我也爱你。"她的声音像是樱花飘落,婉转动听。

那一晚是我最幸福的时光。

(陈苏瑶)

这一段描写非常生动逼真地反映了小作者在比赛过程中的心理活动,使得文章更加自然、真实,能够引起读者的共鸣。

7. 场景还原

当我们用画家的技法对作品进行细致描摹时,我们会收获不可预约的精彩。对刚学作文的学生或一些画面感较强的写作内容,我们可引导学生像画家作画那样将当时的场景细致地还原成一段文字,就像福楼拜教莫泊桑写作那样。

场景还原的方式之一是采用点面结合的写法。点面结合的方法如何走进学生的已有经验,现以四年级上册指导学生写"海选场景"为例加以说明。

学完《我给江主席献花》和《虎门销烟》之后,我设计了比较两课写法上共同点的活动。他们在得出都有概括描写一个场景和具体描写心理变化过程或事情发展过程之后,我引导学生留心观察:如果将学校快乐星期五的过程还原出来,可以怎样写?由于有了两篇经典课文的学习,他们写起来就有模有样。

"快乐星期五"海选

昨天下午,是"快乐星期五"海选的时间,最后一节课铃声一响,各个年级就按照指挥依次下楼。"请三四年级的同学下楼!"终于轮到我们了。刚到教学楼,我就听见操场上喧闹的声音,于是我们加快脚步来到操场。操场上热闹非凡,每个兴趣课程小组前都排了长长的队伍。有的小朋友报上了,开心地跑回教室;有的小朋友没报上,失望的在操场上找别的兴趣小组。

从教学楼下来解散后,我们班钻石贴画小朋友一起在操场上找报名组,走在最前面的戴心尧指着一个组对我们说:"钻石贴画在这儿!"于是,我们都挤上去,结果老师说这是5、6年级的。我们只好继续找。可是,我们在操场上找了两圈都没找到。就在这时,我们发现有一个地方聚集了许多学生,但看不见牌子。我们便一起去看。哈!正是我们要找的钻石贴画报名组!我们就去排队,可是我又有点担心,前面那么多人,会不会报不上啊?蒋来听了后,就跑到队伍前面,看了看,回来告诉我们:"名字都在上面,只要打钩就行了,肯定报得上。"我这才松了一口气,有心思去看别的社团。我发现三模的队伍足足有二十米远!到教室后,我才知道,我们班只有一个男生报上了三模,看来三模真是男生的最爱呀!

(司马可悦)

海 选

今天下午我们全校同学到操场上进行海选。

这一天,天气晴朗,万里无云,蓝天、绿树把美丽的操场装点得分外壮丽。到了期盼已久的下午,接到通知的班级陆续赶来,宽阔的操场上到处都是人流,社团老师都站在指定位置上,等待同学们的到来。

我和贺玲霖都是报神奇的phonics,于是我们决定一起去找罗老师报名。我们一个一个找过去,这时我们发现钻石贴画和三模后面分别跟着一群女生和一群男生,队伍排的好似一条长龙!找着找着我们终于找到了神奇的phonics这一块牌子,我们看到罗老师正朝我们挥手。于是我们飞奔而去,把报名单交给了罗老师,这时我心里总算松了一口气。

经过大约1小时的海选,大家都报上了自己喜欢的社团课程。我想大家应该都很期盼快乐星期五的到来了!

(岳珈妤)

任何一种方法的习得并不能奢望通过一次指导,一次练习,就能收到立竿见影的效果。往往精心指导的这一次,他们的作文写得很精彩,但这并不代表他们已经具备了灵活变通、活学活用的能力。有效的方法是进行类似写法的方法迁移训练,这是非常必要的,只有扎扎实实练习,才能形成能力。有了9月初借学校社团海选的东风练习了"点面结合"的专项练习之后,我引导学生在国庆、中秋时认真观察,写一处场景,要求用上"点面结合"的写法。实践证明,学生是能灵活吸收、内化技能方法的,从他们完成的作文可见一斑。

我的第一次露营

没有老师的谆谆教诲、没有爸爸妈妈的千叮咛万嘱咐、没有奥数、没有作文、没有英语单词,没有烦恼!哇!马上就要开启两天一夜的露营模式啦。

为了准备这次露营,爸爸在网上开始了疯狂大采购·帐篷、充气垫、户外野营灯……样样齐全。妈妈害怕晚上睡在帐蓬里会着凉,便带上了厚实的棉袄和被子,暖暖的,不会挨冻啦。

令人期盼已久这一天终于到来了,一大早,我们一行6辆汽车组成了一支车队浩浩荡荡地向目的地——浙江长兴银廊农家乐开去。一路上,我兴奋地望着车外。蓝天上飘着几朵柔软的白云,形态各异,瞬息万变。树叶几乎都变成了金黄色,好似一个个身穿金衣的小仙女,伴着阵阵秋风翩翩起舞,看得我如痴如醉。经过了两三个小时的路程,我们终于到达了银廊。一进村,一阵浓郁的白果味扑鼻而来,我抬头一瞧,马路两旁栽满了银杏树,树上硕果累累,沉甸甸的白果压弯了树枝,十分壮观。地上也铺满了从树上落下的白果,随手一捡就是一大捧,这儿真是白果之乡呀。

我们挑了一个农家小院，吃了顿简单的午饭后，在村子旁边发现了一个山清水秀的地方：一条小溪紧紧地依偎在大山身旁，侧耳聆听，哗哗地流水声涌入我的耳膜，让人想迫不及待地和它嬉戏。小溪旁边有一片绿油油的草地，山羊在草坪上悠然自得地吃着嫩草，小鸟在枝头欢快地啼叫，骡子懒洋洋地躺在地上晒着太阳，这是一幅多么美丽的画卷啊。于是我们决定就在这里安营扎寨。

第一步是搭帐篷，由于我在今年的童子军夏令营中学过搭帐篷的技巧，本想在这一环节中大显身手的，可是爸爸买的帐篷非常简单易搭，两三步就搞定了。我只得加入了捡柴火的行列，带领着两个小弟弟在树林中四处寻觅。虽然已到了秋天，可山里的阳光还是很强烈的，我们不一会就已经汗流浃背了，但是大家依然干劲十足。在几个小朋友的共同努力下，捡到的柴火终于堆成了一座小山。我们刚想坐下喘口气，又一个艰巨的任务摆在了我们的面前——串虾。我拿起一根竹签，小心翼翼地从虾尾串到了虾头。"阿姨，这样可以吗？"阿姨笑吟吟地竖起大拇指对我说："真不错！"受到了阿姨的鼓励，我一连串了二十多串虾，圆满地完成了任务。这时，一位伯伯用几块大石头围成一个圈并挖了一个小坑，把铁锅架在石块上，在坑里塞上柴火，这样一个简易的灶台就诞生了。点上火，在锅里放上清水、羊肉、大蒜、胡萝卜煮上一个多小时，一锅鲜美的羊汤就出炉了。大家你一碗我一碗吃得真香。

天越来越暗，我最喜欢的烧烤派对开始了，羊肉串、小虾、仙贝都是我的最爱。几个馋嘴的小伙伴围在炉子边准备随时开抢，刚一烤好，转眼间就被瓜分完了。幸好我眼尖，抢到了两串小虾躲到一旁慢慢地享受着，真美味！夜渐渐深了，山里寒气逼人。吃饱喝足后，大人们围着篝火品茶聊天，小伙伴们简单地洗漱后躲进了温暖的帐篷，躺在柔软的被窝里。许多小虫都来光顾我的被窝了，弄得我痒痒的，好似在欢迎我来到它的地盘做客呢。潺潺的流水声、啾啾的虫鸣声、噼啪的木柴燃烧声编织成了一支美妙的摇篮曲，伴随我进入了甜美的梦乡。

第二天，我早早地睁开了睡眠惺忪眼睛，迎接着山里的第一缕阳光。

它是独特的、美丽的,温暖了人们的心窝。吃过早饭后,就要开始整理行装准备返程了,不舍的心情顿时涌上了我的心头。回去的路上,我一言不语,还沉浸在昨天的欢乐中。

别了,亲爱的小伙伴;别了,美丽清澈的小溪;别了,调皮可爱的小虫;别了,我的第一次露营。

(李晨希)

当学生掌握了场面描写的一般方法后,到了高年段,当他们写记事文章时,会将场面描写写得淋漓尽致。这也许就是由仿到创的智慧流淌吧。以下是一个学生在"舌尖上的节日"主题作文中的留下的精彩篇章。

舌尖上的春节

除夕要吃年夜饭,大年初一去拜年、初二初三走亲访友,都少不了在餐桌上边吃边聊。整个春节期间,吃可是重头戏,所以我把它称作"舌尖上的春节"。

体验一:当年味大餐遇到"光盘行动"

"飞流直下三千尺,疑是银河落九天。"——我不是在吟诵古人的诗句,而是看见满桌丰盛年菜,情不自禁垂涎欲滴。这些年菜都有别致的名字、吉祥的寓意,除了给人色香味俱全的享受外,还散发出中国传统文化的气息。光是听听菜名,就能感受到浓浓的年味儿:

一道"喜气洋洋",以羊肉为主料,不仅吃了暖胃,还寓意着新年顺心遂愿;"鱼"与"余"谐音,鲜美可口的鱼便被命名为"年年有余";火锅呢,一桌人围着吃得热气腾腾、不亦乐乎,所以叫"红红火火";红豆元宵是我的最爱,它有个美称"甜甜蜜蜜",我觉得叫"团团圆圆"也很不错;"金玉满堂"顾名思义是金灿灿的一大盘,在香甜可口的玉米粒里,洒着些胡萝卜丁、黄瓜丁,色彩还真丰富……

家宴的空气中弥漫着生活的温馨与幸福,因为增添了美好的憧憬与祝福,变得更加芳香四溢,让人沉浸,让人喜悦,使我在大饱口福的同时,对家庭和传统节日的意义有了更深一层的了解。

满桌美味佳肴自然让人吃得畅快淋漓！我们全家人纷纷加入到当下热议的"光盘行动"中：在饭店用餐，少点一些，不够再加，蔬菜当场吃掉，荤菜么，就算吃不完，也一并打包带走；在家过节，每天变变花样，三菜一汤，配点水果、坚果，当天吃完，新鲜又健康。勤俭节约是中华民族的传统美德，减少餐桌上的浪费，不就是要从每个人、每顿饭做起吗？这样的行动，赋予春节新的面貌、新的思考。

体验二：当传统工艺遇到现代科技

除了让人大快朵颐的年菜外，传统小吃也是新春佳节必不可少的。比如馄饨、饺子，形状都像元宝，象征大吉大利、生活富裕；我爱吃云片糕，甜丝丝香喷喷，每年爷爷奶奶在给我压岁红包的同时都会送上一份，希望我的人品、学问越来越高；还有爸爸妈妈爱吃的年糕，与"年高"谐音，寓意工作和生活一年比一年好。妈妈出生在苏州，对糖年糕情有独钟，可是走了常州好几家超市，都找不到。我灵机一动：前阵子刚买的面包机菜单上不是有"糯米年糕"的功能吗？何不自己动手试一试？

说干就干！我和妈妈一起，按照说明书一步一步做了起来。先将两量杯生糯米和260毫升的水倒进面包桶里，因为我们要做的不是普通的淡味年糕，我又创造性地加入五大勺糖。材料都放好后，选择7号菜单，摁下启动键，接下来的活儿就交给面包机了！只听面包桶左转转，右转转，忙乎个不停。我很好奇，每过一段时间，就拿着小手电，跑去看看有什么新进展。一开始就是一团米粒，慢慢地，米粒的形状越来越模糊，直到年糕可以出炉时，已完全看不出米粒的本来面目了，面包桶里出现的，是一个粘糊糊的大面团，真有趣！

可是做好的年糕太粘了，一抓就全粘在了手上。还是妈妈有妙招，先用水把手淋湿，再把年糕拿出来，就不那么粘手了。我学着妈妈的样子，从大面团上揪一小团，揉一揉，拍拍扁，像做泥工似的，把面团变成片形，再把这些年糕片整整齐齐排好。进入最后一道工序啦！不粘锅里倒点油，把年糕裹上鸡蛋液，两面煎一煎。哇！一份糖年糕终于做成功了！摆在青花瓷盘里,真是诱人啊!尝一尝,外脆里糯,令人回味无穷,妈妈还从中品到了童年的味道呢!

听爸爸说,制作年糕的传统工艺可复杂了,先要将糯米泡上半天,去掉水分磨成粉,过箩,蒸熟,再用木槌反复捶打,最后加工成形,对于小家庭来说,真是费时又费力。用上面包机,方便快捷多了,做出来的年糕口感也很棒!我想,这就是科技的力量,"生活可以更美的",人们用智慧不断改变着周围的世界,生活的方式。

无论将来"舌尖上的春节"会以怎样的姿态展现,它的中国味道不会变,对传统文化的传承也不会变,只是,一定会注入更多新时代的新元素,让它更具魅力。

(刘奕辰)

这篇文章将普通的"家宴"写得"活色生香":一道"喜气洋洋",以羊肉为主料,不仅吃了暖胃,还寓意着新年顺心遂愿;"鱼"与"余"谐音,鲜美可口的鱼便被命名为"年年有余";火锅呢,一桌人围着吃得热气腾腾、不亦乐乎,所以叫"红红火火";红豆元宵是我的最爱,它有个美称"甜甜蜜蜜",我觉得叫"团团圆圆"也很不错;"金玉满堂"顾名思义是金灿灿的一大盘,在香甜可口的玉米粒里,洒着些胡萝卜丁、黄瓜丁,色彩还真丰富……真是"舌尖上的家宴"。用文字将场景还原,这就是"写具体"的秘诀之一,需要将回忆一点一点地拆分、描绘,再拼接,需要留心的观察和语言的积累。再看:听爸爸说,制作年糕的传统工艺可复杂了,先要将糯米泡上半天,去掉水分磨成粉,过箩,蒸熟,再用木槌反复捶打,最后加工成形,对于小家庭来说,真是费时又费力。用上面包机,方便快捷多了,做出来的年糕口感也很棒!我想,这就是科技的力量,"生活可以更美的",人们用智慧不断改变着周围的世界,生活的方式。文章内容还不俗套,还有传统工艺和现代科技的碰撞,将"舌尖上的春节"又推向了个新境界,读了也让人想去尝试一下。

8. 巧用修辞法

对于小学生来说,将作文写生动的方法之一就是用上合适的修辞方法。修辞方法的运用除了靠平时的阅读积累、课堂渗透之外,很有必要进行专项练习。

(1) 拟人句专项训练

叶圣陶先生虽然没有说过训练是主线,但是,他们的确也非常注重训练的,注重学习知识和训练领会的结合。他说:"现在大家都很注意语文课中的基本训练。基本训练确实要加强。……在学习一篇文章时,就要学习作者是怎样动他的脑筋的,看作者是怎样想和怎样写的。教师一方面给学生指点和引导,一方面督促学生练习,这就是训练。语言的训练,要让学生在语言实践中去领会……教一些修辞的知识,篇章结构的知识,这些方面的知识化为思维和语言的习惯了,运用的时候,就会自觉地不犯错误。"

写作实践中,根据学生作文中存在的实际问题,设计指向问题解决的写作训练活动,能起到"四两拨千斤"的效果。下面是我在三年级指导学生写拟人句的案例。

学写拟人句

一、重温课文中的拟人句。

1. 我们一起来温习几组句子。

出示句子——

它歪着红扑扑的脸蛋,毫无倦态,潇潇洒洒地从身上抖落下赤朱丹彤,在大海上溅出无数夺目的亮点。

微波泛起,一道道白色的浪花,从北面遥远的地平线嬉笑着追逐着奔向岸边,刚一触摸到岸边的礁石、沙滩,又害羞似的退了回去,然后又扑上来,像个顽皮的孩子。

晚上,平静的海面倒映着万家灯火,岸边的石凳上坐满了游人,他们脚下,是海浪与堤岸的呢喃细语。

2. 这些句子有个共同的特点,那就是——(拟人句)

二、交流从名作中读到的拟人句。

1. 课前我们都从名作中摘抄了自己喜欢的拟人句,我们来交流一下吧。先请大家在组内交流,选出你们认为最生动有趣的一句。

2. 哪一小组和大家分享一下你们认为的最有趣的句子。

3. 发现写好拟人句的秘诀了吗?

(把事物当作人来写,让事物拥有喜怒哀乐,使其"活"起来。)

三、思维爬坡,赏写拟人句。

1. 接下来,考考大家的思维。

泉水的哗哗声,可说成——

河水在流淌,可说成——

微风拂过脸庞,可说成——

北风呼呼地吹,可说成——

花儿绽放,可说成——

小草迎风摇摆,可说成——

2. 这太简单了,我们加点难度。

下面这两句话,怎样写就生动有趣了呢?

我喜欢写日记,每天晚上都要把心里话写在日记本上。

(   )

引入名作中含有"诉说"的句子,赏析。

风儿不停地吹,小草来回地摇摆。

(   )

预设:学生可能改成了拟人句,但前后之间没有联系。教师要引导学生关注句子间的前后联系。

3. 同样是写风,下面两组句子,有何不同呢?

比较:

当时是后半夜,月亮已经西坠,悄然无声地树林里飘忽。柔弱的风,仿佛也要睡着了,越来越轻,轻到只有薄薄的竹叶才能感觉到它轻微的气息。

——曹文轩《根鸟》

这是个刮大风的日子,一阵阵狂风拼命地、声嘶力竭地怒吼着,把成排的树木都吹得弯下腰来,呻吟着,发出舒缓的喘息声——就是森林在暴风雨中发出的那种嘶哑、深沉的呼啸声。

——莫泊桑《伙计,来一杯啤酒》

学生交流。

4. 你认为哪组句子写的更有趣呢?作者为什么能写得这么好呢?

生交流。

第一组的作者是我国著名的纯美小说大师——曹文轩

第二组的作者是被誉为世界短篇小说之王的——莫泊桑

看得出,他们都是生活的有心人,如果我们用心观察生活,悉心揣摩,也能写出生动有趣的句子。

5. 大家还记得楼下的紫藤架吗?入秋时节,紫藤上的叶子在秋风的吹拂下日渐凋零,现在已经是光秃秃的了。你能将这句话改写成拟人句吗?

出示——

深秋,紫藤架上的绿叶几乎落光了。

我们试着改改吧。

学生练改。

交流。

我们来看看世界著名的短篇小说巨匠,美国作家欧亨利是怎样写的。

出示——

寒冷的秋风几乎剥光了藤上的叶子,留下的只有光秃的枝条攀附在冷冰冰的砖墙上。

——【美国】欧·亨利《最后一片藤叶》

说说哪个词用得特别生动传神?(剥,剥是慢慢地,叶子凋零也是慢慢的,用词很符合生活实际,很准确。)

一起读读这句话。

6. 如果要说写拟人句的高手,不得不提一个人——印度诗人、诺贝尔文学奖获得者泰戈尔。

请看——

当雷云在天上轰响,六月的阵雨落下的时候,

湿润的东风走过荒野,在竹林中吹着口笛。

于是一群一群的花从无人知道的地方突然跑出来,在绿草上狂欢地跳着舞。

——泰戈尔《花的学校》

齐读,说说哪些词语用得比较好?

我们也来做回小诗人,写写我们眼中的初夏秋冬吧。

请迅速浏览例句——

例:春姑娘迈着轻盈的步伐来了,

她提着神奇的小花篮,

把五彩的鲜花撒向大地。

夏姑娘＿＿＿＿＿＿,

她＿＿＿＿＿＿,

把＿＿＿＿＿＿。

秋姑娘＿＿＿＿＿＿,

她＿＿＿＿＿＿,

把＿＿＿＿＿＿。

冬姑娘＿＿＿＿＿＿,

她＿＿＿＿＿＿,

把＿＿＿＿＿＿。

选择一个季节写写。交流。

（2）联比训练

阅读习惯不良，一定会影响到表达，就是说写作能力不易提高。因此，必须好好教阅读课。如果教好阅读课，引导学生逐课逐课的地体会，作者怎样用形式、怎样有条有理地表达出中心思想，他们就仿佛跟作者一块儿想过考虑过，到他们自己作文的时候，所谓熟门熟路，也比较容易抓住中心了。

谈到将句子写生动，有些学生会运用耳熟能详的比喻、拟人等的修辞手法，有些学生会集中运用高度概括同一意思的不同词语进行叠加式堆砌，更有学生不知如何展开具体描述。实践证明，比喻、拟人等修辞有其局限性，写出来的句子没有什么新意，基本是"用自己的嘴说别人的话"。如何突破学生现有句子写作的局限，助其找到句子表达的"泉眼"，让句子表达彰显自我的张力。我的做法是找到相关联的名家经典片段，让他们通过充分自主的阅读品析，逐渐悟得写作的要法。正如张志公在《张志公自选集》一书中所说："要提高写的能力，必须多读、熟读、精读。写，需要指导，需要练习，但是没有读作基础是不行的。讲一篇文章，指导学生好好地理解、好好地读，也正是指导他学习了。不要把读和写看成不相干的两码事。只有把语言的运用（写作）建筑在语言的吸收（阅读）的基础上，才能收到最大的效果。"

为引导学生学习"联比"的写作方式，在通过对《天使雕像》《秘密花园》《草房子》等文学名著的研读之后，孩子们发现名家将句子写活的重要方法之一是善于使用联想、比较，我们姑且称之为"联比"。这种写法仅在《天使雕像》一书中就有十处之多，这已然成了柯尼斯伯格鲜明的写作风格。此写作方法是遵循一定的铺陈结构而展开的，我们可以怎样引导学生洞察其内在表达次序，形成此类句式的表达结构呢？

以六年级"联比"专项练笔为例：

课始，我以"如何通过一句话写出人多"为话题，和学生一起聊。通过回忆已有写作经验，现场描述，他们无非是用上一些比喻句。"老师这儿有一种新的写作方法，它们就隐藏在这段阅读材料中，我们一起去发现吧。"随即，出示了下面一段阅读材料——

——做完了字条上指示的各项工作后,杰米就到浴室拿了一大杯水,盘腿坐在床上,将字条吃起来淡而无味,就像嚼了五天的口香糖一样,只是比较硬。由于墨水褪色,他的牙齿都被染蓝了。他又尝了一口,这才把剩下的纸撕碎,揉成一团,丢进纸篓,然后去刷牙。

——司机赫伯先生要将校车开往波士顿邮政路的一处校车停车场,然后再开自己的车到他平常去的地方。在前往停车场的这一段路上,杰米和克劳迪娅默默忍受着颠簸,校车蹦得像是装了轮子的空饼干盒。不过幸好摇晃声很响,否则克劳迪娅还真担心自己的心跳声会被司机先生听到。

——这时,他听见厕所大门被打开的声音,脚步声出现了,而且不止一个人。到底发生了什么事?最让他感到难受的是,长这么大(九岁了),他第一次感到身体里的每个细胞都在膨胀,充满了随时想跑的力量。可是他必须把这些力量凝聚成安安静静、动弹不得的一团,这就像是要将一大堆散开的马铃薯扎成一个正正方方的方块。

——克劳迪娅声音虽小,却很有穿透力,效果有点像冷水浇在烧干的锅上。

——杰米走进博物馆的办公室,克劳迪娅在门口望风。万一那一班参观的学生回来,她就冲进办公室。杰米进去没多久就出来了,一切正常,他们也没问他名字。杰米一出来,克劳迪娅立刻抓住他的手臂,这时,杰米原先绷紧的神经完全松弛了,松弛得快速又彻底,就像做跷跷板时,他在高处,她在低处,克劳迪娅突然跳下去,杰米便嘭地落下了。

——他们已经习惯于不受人注意了,因此,完全忘了离家出走这一回事。现在,他们当然大吃一惊。两个人的表情惊讶极了,就像心脏被塞进漏斗一样。

——克劳迪娅向我走近一步,说:"你的眼睛真的非常漂亮,看着你就像在看万花筒一样,里面有一片片的金斑反射着阳光。"

——节选美国柯尼斯伯格的《天使雕像》

——阿灿很轻地走了过去,像蒲公英的种子飞落到罗里的面前。

天气越来越冷,白黑黑越来越感觉自己像风中的羽毛,不知道在何处着陆。

——白黑黑忘记了过去,他比大象班班,狮子毛毛,猴子丢三、落四更加孤独,他们都有自己的太太或者兄弟,而他是独自一个。像一根飘浮在空气中的羽毛,他觉得自己没有了方向。

——老头儿的声音很有节奏,说话的时候头一点一点的,像森林里的啄木鸟一下一下地啄着树干。

——节选王一梅的《木偶的森林》

——两只鹅在办公室门口吃青草,吃到高兴处,不时地引吭高歌,仿佛一艘巨轮在大江上拉响了汽笛。

——十几根长短不一、粗细不一、颜色不一的手指伸出去蘸了酱油,然后再嘴里咻了一下,发出一片刷声,接着是一片品尝的咂巴声,像夏日凌晨时的鱼塘里,一群鱼浮到水面上来圆着嘴吸气时发出的声音。

——但是,有时候,无缘无故地,杜小康就会盘旋在桑桑的心头,像秋天高远的天空中一只悠然盘旋于他的鸽群之上的黑色的鹰。

——节选曹文轩的《草房子》

他们通过研读、比较、归纳,发现这些方法的共同点是联想到了生活中相似的生活场景进行比较。发现的过程即自我吸收、内化方法的过程,但这只停留于"意会"的层面。要"可言说",重点在于学生能将思维打开,找到生活中相类似的不同现象,然后进行"前后情感基调的一致性映照"。

我首先设计了贴近学生经验世界的"风吹雨打""计划周详""威严""独断"等半开放式练习:

如,"不,我不要护士去。"口气是如此专断,使得玛丽不由得想起了。

练习之前,首先找准语境中的关键词,然后再进行凸显关键词的生活场景(现象)的经验唤醒。当学生的思路打开之后,便带来源源不断的惊喜。

法老王在修建金字塔时的一意孤行、唯我独尊,完全不顾奴隶的死活,让他们暴死于烈日砖块之下。

日本裕仁天皇不顾人民的劝阻,大肆派军侵略中国;日本首相安倍晋三无视民众的劝阻,强行通过《安保法案》。

一些耀武扬威的地霸仗着自己的权力,发布一些蛮横无理的条约,使人民透不过气来。

那些土邦小王爷,身上缀满珠宝钻石的他们是何等颐指气使,他们戴着红宝石大戒指的小黑手一挥,仆佣们又是如何行着额首礼匍匐趋前,领受命令。

一种方法要形成能力,形成自身的语言风格,必须借助多元的、系列化的、递进式的练习,才能奏效。紧接着,我们进行了开放式练习——用联比的方法自由创作一段源自生活的句子。

原以为这次考试成绩不错,没想到试卷一发下来心就凉了半截。试卷上那张牙舞爪的两个大字"78"直刺我的心灵。此刻,我的心情就像那多变的六月天,刚刚还是艳阳高照,晴空万里,转瞬间便乌云密布,大雨滂沱。

——施钰

大雨哗啦啦地拍打着地面,水珠四溅,似大自然激情响起的合唱,如一群鼓手在铿将有力地击打鼓面,发出阵阵富有韵律的回音。雨一波又一波地向房屋劈头盖脸地打来,一片树叶被不经意打落下来,被风刮着,被雨打着,好似一只羽翼未满,还在嗷嗷待哺的雏鹰,漫无目的地飞着。

人真多啊!远远望去,黑压压的一片。人们摩肩接踵,像极了齿轮的齿条相互摩擦,你想方设法地想不碰到对方,但对方也会不由自主地碰到你。个子矮小的,甚至会感到呼吸困难。如果把他们同时放进一个封闭的环境,再放入一些空气,我想,我不到一分钟,空气就会没有了。

从学生外化的基于联比方法运用的写作实践来看,他们完全能遵循"本体+联比"的逻辑结构。当学生这样去表达某个意思时,不仅收获生动的语言表达风格,更能创生出语言的内在表达次序,最可贵的是他们逐步练就了发现、比较、映照的思维品质。

吕叔湘先生在《吕叔湘语文论集》一书中指出:使用语文是一种技能,跟游泳、打乒乓球等技能没有什么不同的性质,不过语文活动的生理机制比游泳、打乒乓球等活动更加复杂罢了。……语文的使用是一种技能,一种习惯,只有通过正确的模仿和反复的实践才能养成。作文技能的形成与发展同样离不开主题式的跟进训练。

9. 活化对话

学生作文写不具体,写不生动的还有一种现象就是叙述性的语句居多,而对能凸显人物特点的语言描写较少。教会学生灵活运用人物对话,通过形象的语言来刻画人物特点,其实是有方法可循的。

写活对话

一、"说"的思维游戏

会"说"吗?我们来做一个跟"说"有关的思维游戏。

第一关:表示"说"的一字词。

(学生说——读屏幕上的一字词)

第二关:表示"说"的二字词。

(学生说——屏幕出示——哪些词语是你没想到的——评:你的收获最大,新学了这么多表示说的二字词——齐读)

第三关:表示"说"的多字词。

(加大难度了,表示"说"的三字词或多字词呢——生说——出示词语,重点通过语境引出"打圆场""耍贫嘴"的意思——齐读)

二、阅读跟"说"有关的对话

1. 老师这儿有一段跟"说"有关的对话,放开声音读一读,说说有什么感觉?

(都是"说",读起来单调、枯燥。)

2. 如何改变这种单调的对话方式呢?

(将"说"换成表示"说"的一字词、二字词或多字词)

三、阅读经典,探索将对话写活的秘密

1. 真会学习,刚刚学到的这些词语就可以派上用场了。还有其他好方法吗?

2. 方法就藏在老师发给你们的阅读材料中。请大家拿出阅读材料。下面我们就以小组为单位进行阅读、探秘。请看要求——

(出示要求,请一同学朗读)

3. 小组合作学习,探索秘密。

4. 全班交流。

5. 总结将对话写得活灵活现的方法。

(变换提示语的不同位置:不要提示语;提示语在前、后、中间。

用动作代替"说"。

用神情或情绪代替"说"。

动作、神情混合起来使用代替"说"。)

6. 既然我们发现了好方法,能用你们生花的妙笔将刚才的这段对话改改吗?

学生修改,教师巡视。

7. 全班交流,欣赏修改好的段落。

四、方法迁移,内化提升

1. 下面我们用上学到的这些方法修改自己写的对话。我们来挑战一下自己:争取对话中不出现一个"说"字,能将这些方法用得恰到好处就可以得100分。

2. 学生修改。

3. 交流。

10. 分项突破法

作后讲评是作文教学不可或缺的一部分,必须引起我们足够重视。如何进行作后讲评?我们往往会眉毛胡子一把抓,看看这里有问题,想讲;看看那边不如意,也想讲。结果,每次的作后讲评都流于形式,不着重点。其实,作后讲评的目标要求与此次作文练习的目标是高度统一的。此次作文练习的目标是什么,作后讲评的重点就是什么。唯有如此,才能做到一课一得。长此以往,目标明确的一路前行,才能领略精彩作文的美丽风景,才能形成"滚雪球效应"。

"分项讲评课型"研究

一、"分项讲评课型"的价值追求

作文作后讲评不仅是为了给学生的习作一个总结性评价,更是为了检验和改进学生的习作实际和教师的习作教学,完善习作过程,从而更有针对性地发挥教师的习作指导功能,进而有效地促进学生习作水平的提升。作文讲评在习作教学中的地位不言而喻,它是学生修改能力、作文水平提高的重要凭借。通过对"分项讲评课型"的研究,我们试图实现三方面的价值追求:1. 有针对性地提高学生的作文能力;2. 在互评互改中分享他人智慧,明确习作是自我表达与交流的需要,唯有文从字顺地表达出自己的意思,才能实现言语生命的存在价值;3 在与经典片段的照面、碰撞中习得语言形式,萌生完善自我语言的情感冲动,实现阅读与修改的同生共长。

二、"分项讲评课型"的内容分析

"分项讲评课型"在教材体系上没有外显的框架结构,它内隐于各个年段的每篇习作之中。中年级主要考查学生是否做到"能不拘形式地写下见闻、感受和想象",是否能"根据表达需要,正确使用冒号、引号"?"所见所闻"是基本要求,"感受想象"则是习作的亮点也是讲评的重点,修改习作中有明显错误的词句应贯穿每次习作讲评的始终。高年级讲评的重点是"内容具体,感情真实"。内容具体的直接指向是学会运用描写,也就是学习使用细节描写。

三、"分项讲评课型"的过程结构

(一)总体评价,佳作发布

1. 对本次习作的得失情况作客观如实地描述。本着赏识进步、发现亮点、增强自信的原则进行评价有利于学生增强修改热情,享受与他人分享佳作的乐趣。

2. 分门别类地表扬获得各类最佳的同学。最佳的项目可根据本班实际来制定,充分调动学生对作文的"评奖期待",激发、维持学生的写作欲望。

(二)佳作欣赏,片段集锦

1. 精心挑选一到两篇整体优秀的作文,有作者本人对着全班同学进行大声诵读。其他同学边听边发现文章的亮点是什么?也可发表建设性的建议。

2. 集中朗读精彩片段。为让更多的同学感受到自身言语的存在价值,教师要善于发现每篇文章的精彩之处,尤其要多发现后进同学作文的亮点,哪怕是让人眼睛一亮、为之振奋的一句话,抑或是用得恰到好处、出人意料的一个词语,都应视作宝贵的激励资源。

(三)定向目标,经典引路

每次分项专题讲评的内容应根据学生的作文表现现状来确定,最有效的分项讲评是"范本教学,直面经典"。也就是根据学生作文中存在的突出问题,为学生介绍与他们的文章写法相近似的中外名家作品。学生在与名家的照面、神交中看看别人是怎么写的,自己又是怎么写的,经常性的对比借鉴是会有长进的。

(四)专项训练,主动修改

为使学生真正拥有对照经典修改自身作文的意识,可设计一些贴近学生的、描述不够具体、缺乏多角度描写的内容让学生练习修改,通过共同修改一些典型的句子,他们既能分享到同伴智慧,又能做到触类旁通、举一反三,进而习得修改方法,提高修改能力。

此时再让学生去修改自己的文章,既有参照系又能产生新的灵感,为自己修改好文章找到新的注脚。

(五)组内互改,定稿"发表"

随着年级的升高,同伴间的互提建议、互相修改是必不可少的。此举既能让学生吸取他人长处,又能主动完善自身不足,更重要的是在互相的修改中增长了见识,开阔了视野,渗透了写作是与人交流的意识。学生的文章写好后,唯有拥有更多的读者,文章才算完成,作品才能发挥其应有的价值。因此教师要想法设法,通过多种渠道为学生的优秀习作搭建与他人分享的平台。通过为学生的作文寻找读者,增强学生的"读者意识",使其在分享与被分享中获得习作的成功体验,催生"我要写、我想写"的欲望。

四、"分项讲评课型"的教学建议

1. 整体评价与专项评价相结合。分项讲评也要从整体入手,要从整体上推进每一次的分项讲评,在发现共性的基础上,明确不足的基础上确定每一次的单项讲评内容。

2. 情感评价与技法渗透相结合。小学阶段讲评的重点应放在将事情写具体上,外显表现即写清楚人物的动作、神情、心理、语言。在修改教学中教师要从唤醒学生的情感记忆入手,引导学生将当时的场景还原,随顺学生的情感渗透相关写法水到渠成。

3. 教师评价与同伴互评相结合。虽然每次的作文讲评都少不了教师针对性的评价(口头式面批、评语式书评),在高年级,我们也应有意识地加强学生互评互改能力的提高。

4. 主题修改与专项阅读相结合。我们要突破传统的为改而改的单调,力争在问题诊断的基础上向度明确地为学生提供相关写法的经典片段,让他们在直面经典的过程中吸纳、熏陶,提升自我修改的效度。

《记实作文中的描写》作文讲评课教学设计

一、总体评价,佳作发布

1. 本次作文,有好多同学写出了精彩的作文,还出现了不少精彩片段。我们一起来认识认识他们。

2. 请获得传阅的同学朗读自己的习作,其他同学边听边思考:他文章的亮点是什么?哪个方面最值得我学习?

二、片段欣赏,明确修改方向

1. 分别选取在动作、语言、神态、心理、环境等方面描写精彩的片段,由作者为大家朗读。请其他同学做评论(可以谈感受,也可以说建议)。

2. 我们的作文如果在这些方面做到精雕细琢,我们的文章一定非常出色。这节课就让我们紧紧围绕"描写"这一写作手法将我们的作文修改得更加吸引人。

三、经典呈现,发现描写秘妙

1. 出示经典片段,畅谈语句之妙。

话说宋江因躲一杯酒,去净手(洗手或解手)了,转出廊下来,趷(音此,踩之意)了火锨柄,引得那汉(武松)焦躁,跳将起来就欲要打宋江,柴进赶将出来,偶叫起宋押司,因此露出姓名来。那大汉听得是宋江,跪在地下哪里肯起,说道:"小人有眼不识泰山!一时冒渎(màodú,冒犯)兄长,望乞恕罪!"宋江扶起那汉,问道:"足下是谁?高姓大名?"

——《水浒》第二十三回

(语言简洁;细节描写,突出人物形象;一个动作,一句问话,表现了及时雨宋江的仗义性格。板书:动作语言)

2. 片段练习,感受细节魅力。

(1)说说下面两句话哪句更生动?

A 寒风吹着面孔。

B. 寒风犹如刀刮似地吹着面孔。

(2)将下列一句话改得更具体。

改前:这是一个月明星稀的晚上,四下里一片寂静。

改后:屋角树林的下面,晕着神秘的色光。熄灯以后,月光闯入室内,在床上铺着一条青黄色的光带。夜静了,不知哪里来的呜咽悠扬的笛声,还隐约地来到我的枕边。

四、自我修改,精彩二度展示

1. 通过刚才的阅读,我们一定能将自己的作文改得更加生动、传神,请大家根据老师给出的修改建议自我修改。如果你认为哪个可以改得更好,不妨大胆试试。

2. 同伴交流、完善。

3. 全班交流,分项改后精彩。

细节描写在习作教学中始终是一个难点,但还是有一定的方法可循,最根本的一点就是要从生活中来,只有这样,文章才会有"感",有"情",有"血",有"肉"。

"需要性写作"历时五年的研究,从学生言语生命发展的内在需求入手,通过将他们的言语生命欲求和存在性需要有机融合来养护他们言语表达的冲动和热情,借助一次又一次的问卷调查和对他们作文现状的分析研究,找寻他们习作的难点和生长点,尽可能地贴着他们的已有水平设计符合他们认知特征和内心渴求的写作活动。从孩子们对作文的期待和充满灵性的文字可以想见他们已进入了写作的神圣殿堂,他们在写作的精神世界中正与饱含深情的文字激情相拥。

学生的发展具有无法复制的不确定性,我们虽然探索出了激发他们写作自信的若干个策略,开发出了指导他们构思、选材、修改的多条路径,但毕竟学生的个体有着难以精准把握的差异性,所以,我们困困找寻的实践策略带有许多的个性色彩,虽不敢保证有着可供推广的普适意义,但一定有着可供借鉴的参考价值。这需要我们在教学实践中不断探索、不断修正、不断创生独特的实践策略。同样,他们的言语生命也有着无限的可能性。我们要做的、能做的事就是带着他们进入文字的王国,让他们领略文字的魔力、文学的魅力,去创造一个又一个属于他们自己的语言密码。

"需要性写作"作为学问和文化创制行为的言语活动,其最重要的出发点和最终目的自然应是人,是人性、人文,是人的自由能动性和精神创造力的发展。"需要性写作"的实践策略探究之路没有现成的经验可循,但我们会朝着孩子言语生命的发展方向、顺应他们言语生命的发展节律一路追寻、一路欢歌。

参考文献

[1]魏姬·厄克特(VickiUrquhart)莫内特·麦基沃(MonetteMclver).教会学生写作[M].教育科学出版社.

[2]王爱娣.美国语文教育[M].广西师范大学出版社.

[3]夏丏尊,刘薰宇.文章作法[M].中华书局,2007.

[4]梁启超.作文入门.[M].教育科学出版社2007.

[5]叶黎明.写作教学内容新论[M].上海教育出版社2012.

[6]傅丹灵,王志军.如何教写作[M].华东师范大学出版社2012.

[7]安东尼,海恩斯著.杨海洲,杜铁清译.作文教学的100个绝招[M].教育科学出版社,2009.

[8]叶黎明.新世纪以来写作教学理论取得的进展[J].语文教学通讯,2013.11C.

[9]多萝西娅·布兰德著.刁克利译.成为作家[M].中国人民大学出版社,2011.

[10]崔允漷.有效教学:理念与策略(上)[J].人民教育,2001年第5期.

[11]戴尔.H.申克著,韦小满译.学习理论:教育的视角[M].江苏教育出版社.

[12]成尚荣.教学改革绝不能止于"有效教学"[J].人民教育,2010.23.

[13]我们为什么写作——世界100位作家谈写作[M].上海文艺出版社,1988.

[14]马正平.非构思性写作宣言[J].海南师范学院学报,2002(2).(3).

[15]马正平.高等写作学引论[M].中国人民大学出版社.

[16]潘新和.语文:表现与存在[M].福建人民出版社.

[17]叶圣陶.怎样写作[M].中华书局.

[18]龙应台.亲爱的安德烈[M].人民文学出版社.

[19]中华人民共和国教育部制定.义务教育语文课程标准(2011版),北京师范大学出版社.

后　记

当拙作完稿之时,感激之情油然而生:我要感谢江苏省"教海探航"组委会对我"需要性写作"观照写作原点的首肯,感谢编辑我论文的《江苏教育》编辑部王昱主任,因为有了他们的认可和精心呵护,才有了"需要性写作"的滋长土壤;我要感谢嘉兴教育学院朱建人教授,是他在全国生活作文研讨会上充分肯定"需要性写作"的长远眼光,才使我明确了作文研究的前进方向;我要感谢我带过和执教过的学生,因为有了他们的热爱和迷恋,才有了我甘愿迷失于"需要性写作"之林的勇气和信心;我要感谢个性各异、水平参差的学生,因为有了他们的差异,才有了我不断超越的韧劲和激情,"需要性写作"研究才有价值和意义……

尤其要感恩的是杨文娟校长。这不仅仅是因为她是我的校长,更是因为她那大气灵动的管理智慧、精益求精的教育情怀、用人之长的赏识艺术。正是有了她的赏识与激励,我才能在这所有着百年文化传承的知名学校尽情舒展自己的教育姿态;正是有了她高屋建瓴、思维缜密的架构,才有了如今层层递进、系统严谨的文章架构;正是有了她引领的"分享教育",我才有机会将自己的点滴思考得以系统建构,与大家一起尽情分享。

最后,我要感谢课题组的杨娟玉、耿银辉、高娴、叶俊俊、许婷、汪洁等老师,感谢他们与我一道矢志不渝地探寻"需要性写作"的实践策略,有了他们的同行,课题组才智慧涌动。

当然，最不能忘却的感谢要送给我最亲的家人，是他们给了我想法实践检验的现场，是他们给了我思想自由驰骋的时间和空间。

囿于水平，本书一定有许多不完善之处，期待各位读者的指点与帮助。

王学进

2015年秋于陋室